Jakob Kroeker
Verhüllte Segenswege

W0390905

Jakob Kroeker

Verhüllte Segenswege

Brunnen-Verlag · Basel und Gießen

Gestern gesagt – heute gefragt Nr. 6

7. Auflage
Umschlag: Klaus-Harald Wever
© 1985 Brunnen-Verlag Basel
Druck: Clausen & Bosse, Leck

ISBN 3 7655 5906 7

Widmung

Zog dein Meister tiefe Furchen
durch dein innres Seelenleben,
so will mit vermehrten Leiden
er vermehrten Segen geben.

In die schmerzdurchwühlten Gründe
wird er Edelpflanzen legen
und mit seinen kund'gen Händen
sie begießen und sie pflegen.

Und was seine Hand gepflanzet,
wird bald tiefe Wurzel schlagen.
Es wird wachsen, grünen, blühen
und gar manche Früchte tragen.

Dann verstehst du das Geheimnis,
wie das schwerste Leid auf Erden
mit der Zeit dir muß zu einem
ungeahnten Segen werden.

J. K.

Vorwort zur 1. bis 4. Auflage

Vielen ist jenes große Geheimnis noch nicht erschlossen, *daß unsere größten Segnungen vielfach da liegen, wo wir sie am wenigsten erwarten.* Man ist bei den Schwierigkeiten, den Prüfungen, den schweren Lebensverhältnissen stehengeblieben. Manches tränende Auge sieht nicht den Auferstandenen neben sich stehen, bereit, gerade auf diesem Boden die Seele neue Herrlichkeiten erleben zu lassen.

Diesen meinen Weggenossen wollte ich mit den vorliegenden Zeugnissen aus der Schrift und aus persönlicher Erfahrung dienen und sie auf jene kostbaren Lebensquellen aufmerksam machen, die so verhüllt auf unserm Wege zur Heimat liegen. Der Herr ist sehr treu. Er weiß viel besser als wir, was zu unserm Frieden dient. Sein Versagen enthält oft für uns einen weit größeren Segen, als eine Zusage für uns enthalten hätte. Wie oft war sein Nein gerade jenes Ja, das wir für uns ersehnten und erflehten!

Einige von den vorliegenden Betrachtungen sind vor Jahren in „Entmutigte Seelen" und in anderen Broschüren erschienen, die längst vergriffen sind. Da sie auf der Linie des vorliegenden Inhalts liegen, glaubte ich, sie für die 4. Auflage umarbeiten und gemeinsam unter dem etwas erweiterten Titel „Verhüllte Segenswege des Glaubens" herausgeben zu sollen. Denn nur der Glaube findet jenen Segen, den Gott auch in der schwersten Lebensführung zu geben vermag.

Vielen Leidtragenden und Geprüften hat seit seinem ersten Erscheinen das Büchlein dienen können. Möchte es auch in seiner neuen Bearbeitung eine frohe Kunde für Mühselige und Beladene vom Angesichte des Herrn sein! *Es will nur Führer sein, nicht Geber.* Geben vermag nur er, der einst durch seinen Propheten seinem heimgesuchten Volke sagen ließ: „Mitleid hat der Herr mit Zion, Mitleid mit all seinen Trümmern und wird seine Wüstenei zu einem Paradiese machen und seine Einöde zu einem Gottesgarten" (Jes. 51, 3 nach Menge).

Ob es der einzelne oder die Gesamtgemeinde Jesu Christi ist, als Gottes Neuschöpfung und Erbe ist jedes wertgeachtet in des Schöpfers Hand. Diese ist stark genug, alle, die unsres Gottes und Heilandes Jesu Christi sind, zu heben, zu tragen und zu vollenden. Sie will auch durch jede dunkle Lebensführung nicht nehmen, sondern geben. Wie jeder einzelne Schöpfungstag bereits in seinem inneren Werden angelegt ward auf den kommenden Schöpfungssabbat, *so sollen uns auch alle unsere Erlebnisse und Erfahrungen zu Schöpfungstagen werden, die in die Sabbatruhe einer vollendeten Neuschöpfung führen.*

Jakob Kroeker

Vorwort zur 5. Auflage

Die tiefgründige Wahrheit dieser Schrift hat sich keineswegs erschöpft. Im Gegenteil, die bange Frage vieler Bedrängten, die in einer besonderen Not Leibes oder der Seele stehen, wird immer hörbarer: Warum muß ich diesen Zusammenbruch erleben? Wie kann ich diese Führung noch verstehen? Darauf fällt Licht von der vorliegenden Schrift her. Es gibt für den Glauben auch verhüllte Segenswege. Es ist der „Segen von der Tiefe, die unten liegt" (1. Mose 49, 25). Es sind jene Segnungen, die wir nicht gleich als solche erkennen, die aber ganz wesentlich zur inneren Ausreifung und Vollendung dienen.

Im Leben des einzelnen wie der Gesamtgemeinde handelt Gott nach ewigen Prinzipien. Dazu gehören auch die verhüllten Segenswege. Wir müssen Jakob Kroeker immer dafür danken, daß er der Gemeinde diesen wichtigen Dienst getan hat, Gottes verborgenes Wirken in der göttlichen Offenbarung zu deuten und zu beleuchten.

Ein Ausdruck, der in Kroekers Schriftauslegung immer wiederkehrt, ist auch hier oft gebraucht: der Ausdruck „Fleisch". Wir haben ihn ohne Umschreibung stehengelassen, weil er im Gegensatz zum „Geist" einfach biblisch-klassisch ist. Er besagt das menschlich-natürliche Wesen. Es ist der auf sich selbst gestellte Mensch, der Mensch ohne Bindung ans Wort, der nicht vom Geiste Gottes regiert wird, sondern selbst die Herrschaft ausübt.

So mag dieses kleine Buch vielen Menschen einen helfenden Dienst tun, ängstliche und angefochtene Seelen trösten und die Gemeinde aufrufen, auf allen Wegen und in allen Lagen den durch Glauben zu ehren, der die Krone in seinen Händen hält:

Jesus Christus.

Inhalt

Gottes weite Umwege

Als nun Pharao das Volk gehen ließ, führte sie Gott nicht auf die Straße durch der Philister Land, wiewohl es am nächsten war; denn Gott gedachte, es möchte das Volk gereuen, wenn sie Krieg sähen, und möchten wieder nach Ägypten umkehren. Darum führte Gott das Volk den Umweg durch die Wüste am Schilfmeer. 2. Mose 13, 17. 18

Unter Gottes Leitung

Als Pharao das Volk hatte ziehen lassen, führte sie Gott. Das war noch immer die Geschichte einer Seele und eines Volkes, in deren Leben der Ruf der Barmherzigkeit und die Kraft der Erlösung stärker wurden als die knechtende Sünde und die Macht der Welt. *Denn Abhängigkeit von Gott setzt Unabhängigkeit von der Welt voraus.* Diese findet man nur, wenn Gott eine ähnliche erlösende Tat in unserem Leben vollziehen kann, wie Israel sie einst in Ägypten zu seinem Heil erlebte.

Denn nur ein von Ägypten gelöstes Leben kann von Gott geführt werden. Wer in der Abhängigkeit von sich selbst bleibt, wird nie in die Abhängigkeit von Gott kommen. Erst als Israel unter der Deckung des Blutes gestanden, den Boden seines Sklavendienstes verlassen und vom ägyptischen Sauerteig sich gereinigt hatte, erschloß sich ihm jener Wandel im Licht, wo das ganze Volk sich bei Tag und bei Nacht durch die Wolken- und Feuersäule gedeckt und geleitet sah.

Aber Abhängigkeit von Gott war nie Versklavung durch Gott. Hingabe an Gottes Wirken und das Stehen unter Gottes Leitung führten niemals in knechtische Furcht vor Gott. Sie waren nie eine durch Macht erzwungene Beugung unseres Willens, sondern immer die Frucht einer von Gott geweckten kindlichen Liebe. Wie ein Kind in der Hingabe den tiefsten Ausdruck seiner Liebe und die Stärke seines Lebens findet, so auch jene Seele, die sich durch die Tat der ewigen Barmherzigkeit aus der Knechtschaft ihres Eigenlebens und der Welt in die Kindschaft Gottes versetzt sieht.

Niemand hat das tiefer erfaßt und keiner reiner ausgelebt als Jesus. Als Sohn wagte er nur das zu tun, was er auch den Vater tun sah. Sein Geistesohr war allezeit offen für die Sprache seines Vaters. Während er sah, daß der Mensch „seine Stunde“ allerwege hatte, war für ihn „die Stunde“ noch nicht gekommen. Denn „seine Stunde“ war gebunden an die Stunde des Vaters. Er setzte seine Fußtritte in Gottes Fußtapfen; daher war sein Gang nicht wankend. Seine Handlungen flossen aus einem göttlichen Auftrag; daher versagte sein Dienst nicht. Er sprach in Vollmacht, wenn er das Volk lehrte; denn er redete nicht wie die Schriftgelehrten und Pharisäer. Sein Wirken als Messias und Heiland der Welt war unendlich mehr als Beruf und Pflicht, *es war das Opfer seiner Liebe.* Er wußte sich von der Barmherzigkeit des Vaters gesandt; daher erwiesen sich seine Taten als eine Frucht derselben Barmherzigkeit. Er gab, was er in seiner Abhängigkeit als Sohn vom Vater empfangen hatte.

Solch eine Abhängigkeit muß von Fall zu Fall aber zu jener Speise werden, von der Jesus zu seinen Jüngern sprach. *Es gibt daher für uns Menschen keinen köstlicheren Weg als den der Abhängigkeit von Gott.* Wer seine

Tritte in Gottes Fußtapfen zu setzen wagt, der entdeckt je länger, desto mehr, wie Gott alle seine Güte an ihm vorüberziehen läßt. Beim innerlichen Schritthalten mit Gott wird auch das Leben mit seinen dunkelsten Erfahrungen zum unvergänglichen Gewinn. Jenes große Triumphlied des Glaubens, das wir im achten Kapitel des Römerbriefes haben, konnte nur von einem Menschen geschrieben werden, der sich durch seine Christusgemeinschaft und Christusabhängigkeit nicht geknechtet, sondern erlöst sah.

Das eigene Leben ist unfähig, sich von Gott abhängig zu machen. Solange Saulus nicht fragen lernte: „Herr, was willst du, daß ich tun soll?", war er ein Widersacher Jesu Christi. Erst als er sich durch das Kreuz gerichtet sah, wurde er jener Sklave seines Meisters, der bezeugen konnte: „Nicht aber lebe ich, sondern Christus lebt in mir!" Solange wir nicht auf dem Boden Golgathas stehen und uns durch das Kreuz in unserem Wesen gerichtet wissen, wird uns nie das selige Geheimnis eines von Gott abhängigen Lebens erschlossen werden. *Denn abhängig sein von Gott, bedeutet gelöst sein von sich selbst.*

Wäre Israel abhängig geblieben von seinem eigenen Wissen und Können, es hätte nie sein verheißenes Erbe geschaut. *Denn Gottes Ziele findet nur ein von Gott geleitetes Leben.* Der Herr sah, welche Entbehrungen und Kämpfe, welche Prüfungen und Glaubensproben auf jenem Wege liegen würden, auf dem sein Volk zu seiner Heimat gelangen sollte. Er wußte, daß Israels Weisheit und Kraft, Israels Mut und Ausdauer versagen müßten, und daß das Volk selbst nie einen richtigen Ausweg aus den kommenden Glaubensproben finden würde. Daher übernahm er die Leitung seines Volkes. Er zog vor ihnen her, am Tage in einer Wolkensäule, daß er sie den rechten Weg führte, und des Nachts in einer Feuersäule, daß er ihnen leuchtete, damit sie bei Tag und bei Nacht ziehen könnten.

Das Geheimnis Israels: sein erstes Werden, seine nationale Auferstehung und sein Weg durch die Wüste bis ins Erbe seiner Väter, kann daher nur von Gott aus verstanden werden. Seine Geburt und seine Geschichte weisen aber prophetisch über sich selbst hinaus und tragen auch in unsere Armut und Schwachheit die frohe Botschaft, daß die Garantien unserer Rettung, Bewährung und Vollendung nicht in uns, sondern in jener unendlichen Barmherzigkeit Gottes liegen, durch die auch wir uns zum ewigen Leben berufen wissen. *Wie einst für die schöpferische Gotteskraft nicht entscheidend war das Israel, das sie vorfand, sondern der Gottesknecht, den sie aus dem Volke würde machen können, so fragt die Gnade auch im Blick auf uns nicht, was wir sind, sondern nach dem, was wir durch sie werden sollen.*

Auf dunklen Umwegen

Wie ganz anders, als Israel es sich gedacht hatte, gestaltete sich jedoch der Weg, auf dem es zu seinem Ziel geleitet werden sollte! Niemand ahnte, daß Gott *auf dem Umweg durch die Wüste* sein Volk führen würde. Der gewöhnliche und kürzeste Weg von Ägypten nach Kanaan war die große Handelsstraße, die durch der Philister Land direkt nach Palästina führte. Allein in Gottes Augen war es nicht „der rechte Weg" für das soeben aus der Knechtschaft herausgeborene Volk. Er wußte, daß er mit demselben Volk auf dem direkten Weg nicht zum Ziel käme. Daher führte er es auf dem Umweg durch die Wüste.

Auf diesem Umweg kam Israel aus einer Angst in die andere. Kaum war eine Not vorüber, so stellte sich als=bald eine andere ein. Es ging aus Prüfung in Prüfung, aus Glaubensprobe in Glaubensprobe. Zunächst kam der ungebahnte Weg durchs Schilfmeer. Dann folgten Mara mit seinem Bitterwasser, die Wüste mit ihrem heißen Wüstensand, die Orte und Zeiten mit ihrem Mangel an Brot und Fleisch, an Zwiebeln= und Melonenfeldern.

Israels Geschichte wäre jedoch nie so reich geworden an Offenbarungen und Herrlichkeiten Gottes, wenn der Herr nicht gerade diesen Weg erwählt hätte. Hier auf dem Umweg, hier in der Wüste mit ihren Entbehrungen und Prüfungen erlebte Israel die größten Wunder Gottes. Nun lernte es verstehen, *wie Gott so vollständig alle unsere Notdurft durch seine Segensfülle zu decken ver=mag.* Diese vielfach so unverstandenen Führungen Gottes mußten dem Volke zu einem Segen werden, auf dem es aus Erkenntnis in Erkenntnis, von Kraft zu Kraft und aus Herrlichkeit in Herrlichkeit gelangte. Denn die größ=ten Schwierigkeiten führten in der Regel auch zur Offen=barung der größten Segnungen in der Geschichte des von Gott geleiteten Glaubensvolkes.

So zum Beispiel am Schilfmeer. Gott hatte das Volk zurück bis ans Meer geführt und es sich daselbst lagern lassen. Das erfuhr *Pharao.* Dieser glaubte, daß das Volk den Mut verloren hätte, rüstete daher seine Mannschaf=ten aus, bespannte seine eisernen Wagen und jagte dem

Volke nach. Israel stand plötzlich wieder ohnmächtig seinem ehemaligen Herrscher gegenüber. Aber auf diesem Boden sollte es erleben, *wie vollständig Gott jenes Leben richtete, das Israel so lange beherrscht hatte.* Der Herr schuf für sein Volk einen gebahnten Weg auch durch das Meer. Als Pharao denselben Weg betrat, da wurde er samt seinem Heer von Gott gerichtet. Israel sollte sehen und wissen, *daß für ein Glaubensvolk, das mit Gott wandelt, Ägyptens Herrschaft für immer gebrochen ist.*

Welch eine Perspektive mithin auch für unser Glaubensleben! Jeder weiß, wie bald sich nach unserer Wiedergeburt wieder das alte Leben regt und den Versuch macht, das neue, aus Gott geborene unter seine Herrschaft zu bringen. Hatte der Feind unserer Seele, der große Widersacher Gottes und des Menschen, auch nicht dauernd verhindern können, daß wir wiedergeboren wurden, so wollte er doch verhindern, daß wir gelöste Gotteskinder blieben. Wir durchlebten schwere Kämpfe und standen ohnmächtig unserem Feind gegenüber. Aber gerade in diesen Stunden lernten wir erkennen, wie der alte Mensch, durchs Kreuz gerichtet, seine Herrschaft verloren hat über jenes Leben, das aus Gott geboren ist.

Nach dem Schilfmeer kam die Wüste. Hier fehlte es bald an Wasser und Brot, bald an Fleisch und Knoblauch. Es gab keine Brunnen, aus denen Israel seine Wasser schöpfen, es waren keine Äcker, die es bebauen konnte. Auch fehlten jene Mauern, durch die das Volk sich gedeckt sah vor seinen Feinden. Und doch war es der Weg, auf dem Israel aufs neue seinen Gott erlebte. Gott machte bittere Wasser der Wüste süß und tränkte aus Felsen sein Volk. Er speiste es mit Himmelsbrot und deckte es in der Stunde der Not mit seiner Allmacht. Hier lernte die glaubende Gemeinde verstehen, *daß Gott uns auch in der Wüste genug sein kann, wenn man ihm vertraut.* Hier in den Nöten der Einöde wurde der Psalm geboren: „Alle meine Quellen sind in dir!"

Was hat je und je auch unser Leben so reich gemacht an Gnade, an Erfahrung, an Vertrauen, an Liebe, an Geduld, an Ausdauer, an Dienst, an Gemeinschaft, an Verständnis für Gottes Pläne und Absichten? Es waren die Umwege, die Gott uns gehen hieß. Es war die Wüste, in die er uns führte. Hier erlebten wir unsere Ohnmacht wie nie zuvor, aber auch Gott wie nie zuvor. Hier lernten wir uns selbst kennen in unserer Ungeduld, in unserer Verzagtheit, in unseren Zweifeln und in unserem Wankelmut. Aber hier lernten wir auch Gott kennen in seiner überströmenden Gnade und Huld, in seiner Liebe und Geduld, in seiner Macht und Herrlichkeit. *Wie groß wurde er uns, wie klein wurden wir!*

Als Wiedergeborene denken wir in der ersten Zeit, daß wir durch die Geburt von oben allen Kämpfen und Proben enthoben seien. Allein der wirkliche Glaubenskampf und die mancherlei Glaubensproben liegen erst hinter der engen Pforte. Wir haben als Menschen „in Christo" keine Garantien, daß wir durch ein Leben in der Abhängigkeit vom Herrn in keine Leiden und Kämpfe, in keine Prüfungen und Anfechtungen hineinkommen werden. Auch als Wiedergeborene bleiben wir in der alten Welt mit ihren Entbehrungen und Versuchungen, mit ihrer Not und ihrer Arbeit, mit ihrer Sünde und ihrer Ungerechtigkeit.

Der Glaube hat daher keine Garantie, daß er nicht wird Umwege gehen müssen und in die Wüste geführt werden wird. Aber er hat die Verheißung, daß er nie dauernd eine Wüste finden wird. Denn Christus, als der geschlagene Fels, geht mit in die Wüste. Er aber macht auch die Einöde zu einem Gottesgarten. Er läßt uns daselbst seine größten Wunder sehen und bereitet uns einen Tisch selbst im Angesicht unserer Feinde. Er gibt gebahnte Wege auch durch Wasserfluten und hat Auswege selbst aus dem Tode.

Er steigt mit hinunter in den Löwengraben eines Daniel und hält der Löwen Rachen zu. Er wandelt mit seinen Auserwählten im Feuerofen und nimmt diesem seine verzehrende Kraft. Er verläßt einen Joseph nicht im Hause der Versuchung und im Kerker des Elends. Er stärkt den Arm seiner Streiter und gibt dem Hirtenknaben David Sieg auch über die Philister. Er teilt die Leiden seiner Knechte und nimmt ihnen ihre Schmerzen, so daß ihnen selbst der Kerker zu einem Tempel Gottes wird, in dem sie wie Paulus und Silas ihren Gott preisen mit Lobgesang.

Mit Gott werden wir auch in der Wüste zu Zeugen seiner Offenbarung und zu Propheten seiner Allmacht und Majestät.

Zum ewigen Ziel

Ein junger Handwerksbursche verließ sein Elternhaus und zog in die Ferne. Als er über die neue Brücke ging, die über den Fluß seines Heimatdorfes führte, bemerkte er an dem einen Seitengeländer die Worte: *„Alles ist Übergang.“* — „Wie komisch!“ dachte er und ging weiter.

Nach Jahren kehrte er zurück. Er konnte seine Heimat doch nicht vergessen. Endlich hatte er sie erreicht. Nur der Fluß trennte ihn noch von seinem lieben Heimatdorfe, das er mit seinen vielen kleinen Lichtlein im hellen Mondschein vor sich liegen sah. Aber er kannte die Brücke, die ihn über den Fluß führen konnte. Er betrat sie, und wieder fiel sein Blick auf die Worte, die auf dem einen Seitengeländer standen. Er las: *„— zur Heimat."*

Ja: *„Alles ist Übergang — zur Heimat"!* Auch die Umwege Gottes durch die Wüste, in die sie uns führen. Jenes Volk, das Glauben behielt bis ans Ende, durfte doch endlich den Jordan überschreiten und das Erbe schauen, in dem Milch und Honig floß.

Es waren zwar nicht alle, die bis ans Ende ausharrten. Mit vielen kam Gott nicht zum Ziel. Nur die Glaubenden vermochten dauernd auf Gottes Umwegen zu wandeln. Sie fanden auch in der Wüste jene Lebensquellen, durch die sie sich von Gott gesegnet sahen. Der natürliche Mensch versagt auf Gottes Umwegen. Ihm wird der Umweg zu einem Anstoß und die Wüste zu einem Fels des Ärgernisses. Es fehlen ihm die innerlichen Organe, um dauernd Gott in seiner Führung zu verstehen. Er hat nicht die Kraft, um Schritt zu halten mit Gott auch in der Wüste. Denn was vom Fleisch geboren ist, ist Fleisch und kann das Reich Gottes nicht ererben. Auch das „Fleisch" in der Gemeinde Gottes kann nie Gottes Ziel erreichen. *Es wird immer auf dem Umweg durch die Wüste sein Gericht finden.*

Steht unser Glaube aber auf dem Boden des Kreuzes, dann darf er aufsehen auf Jesus als auf seinen An=

fänger und Vollender. Auch wenn sein Weg durch viel Trübsal ins Reich Gottes führt. Gottes Umweg ist doch der rechte Weg und jede Wüste ein neuer Offenbarungsboden für die Herrlichkeit Gottes.

Vielleicht verstehen wir nicht immer gleich, warum wir unter solch einem Druck stehen müssen — warum Gott uns einen Platz in so einer weltlichen Umgebung gegeben hat — warum wir so wenig Gemeinschaft mit Gottes Auserwählten pflegen können — warum wir dieses körperliche Leiden zu tragen haben — warum wir diese materiellen Verluste erleiden mußten. Einst werden wir auch diese Umwege unseres Gottes verstehen und erkennen, daß uns der Segen zunächst nur verhüllt war, den unser Glaube auf ihnen finden sollte.

An der Südküste der Halbinsel Krim liegt die russische Riviera. Sie erstreckt sich von Sewastopol an der Küste des Schwarzen Meeres entlang bis Theodosia. Vom Norden ist sie gedeckt durch einen imposanten Höhenzug der taurischen Gebirgskette. Hier hatten an der Küste entlang früher viele der Großen dieser Erde ihre wunderschönen Privatbesitze. Zwischen diesen lagen die bekannten Städte Jalta und Livadia mit den vormals kaiserlichen Schlössern Alupka, Gursuv, Massandra und andere.

Von Livadia aus führt ein künstlich angelegter Chausseeweg über die prächtigen Berge, die im Norden liegen. Wenn man auf diesem Wege geht oder fährt, dann sieht man immer nur eine kurze Strecke vor sich liegen. Oft denkt man: nun gibt es aber keinen Ausweg mehr! Aber plötzlich macht man eine Biegung, und man kann wieder höher und höher steigen dem Ziel entgegen.

Wenn man mit einem Führer diesen Weg zurücklegt,

dann macht er die Reisenden gelegentlich auf gewisse Felsen aufmerksam, die hoch über dem Wege liegen. „Nach soundso vielen Minuten werden wir dort sein", ermutigt er die Reisenden. Man legt seinen Kopf zurück, schaut zu der Höhe hinauf und denkt: „Das ist unmöglich!" Aber es kommt eine Kurve nach der anderen, eine Steigung nach der anderen, und endlich hat man wirklich das Ziel erreicht.

Von oben bis unten zur Stadt Jalta und Livadia beträgt die Strecke in gerader Luftlinie etwa fünf Kilometer. Der Weg selbst ist wohl an 30 Kilometer lang. Ist man oben auf der höchsten Spitze angekommen, so kann man von einem hervortretenden Felsen aus, der von einem starken Eisengitter umfaßt ist, den schönsten Teil der Südküste der Krim überblicken. Man hat einen ganz überwältigenden Anblick. In der Ferne liegt das weite, dunkle, blaue Schwarze Meer. Unten am Fuße des Berges liegen Jalta, Alupka und Livadia mit den einstmaligen kaiserlichen Schlössern und den wunderbaren Gärten und Parkanlagen, die von stolzen Zypressenalleen durchzogen sind. Nach rechts und nach links liegen kleine und größere Güter und schmücken mit ihren grünen Anlagen und Weingärten das Seeufer bis in die weiteste Ferne hin. Von oben aus kann man nun auch den ganzen Weg überblicken, den man zurückgelegt hat. Nun sieht man, warum da eine Biegung begann, und warum dort eine neue Steigung eintreten mußte.

Als ich vor Jahren dort stand und dieses überwältigende Bild vor mir hatte, da mußte ich an einen Vers denken, den wir wohl in den meisten unserer Gesangbücher haben. Er lautet:

„Dort werd' ich das im Licht erkennen,
was ich auf Erden dunkel sah,
das wunderbar und heilig nennen,
was unerforschlich hier geschah.
Da schau' ich im Zusammenhang
des Höchsten Rat mit Preis und Dank."

Ja, wie wird es sein, wenn wir erst von dem neuen Jerusalem unsern Glaubensweg werden überblicken können, umflossen vom himmlischen Licht! Dann werden wir Jesus, den großen Herzog unserer Seligkeit, noch besser verstehen als jetzt, daß er nur auf dem Umwege durch die Wüste mit uns zum Ziel kommen konnte. Und jede Prüfung und Glaubensprobe, die wir zu bestehen hatten, wird uns immer wieder neuen Stoff zur Anbetung Gottes und des Lammes bieten. Wir werden erkennen, *daß Gott in seiner so vielfach verhüllten Führung auch in unserem Leben keine Fehler machte,* als er uns auf dem Umweg durch die Wüste zum Ziel unserer Sehnsucht und in die Heimat unserer Seele führte. Seine Umwege ließen uns finden, was wir auf unseren direkten Wegen nie gefunden hätten. Das Ziel, nicht der Weg zum Ziel war ihm das Entscheidende, als er auch die Führung unseres Lebens übernahm, um es aus der Knechtschaft zur Freiheit, aus der Fremde in die Heimat zu führen.

Das Geheimnis unserer Leiden

Was ist der Mensch, daß du ihn so hoch hältst und acht auf ihn hast? Du suchst ihn alle Morgen heim; und alle Augenblicke prüfst du ihn.

Hiob 7, 17. 18

Im heißen Schmelztiegel

Seit dem ersten Leid besteht die Frage nach dem Übel in der Welt. Sie wanderte bisher mit der Menschheit durch die Zeitalter unserer Geschichte. Sie kam nicht zur Ruhe, welch eine Lösung man für sie auch fand. Ein Asaph strauchelte fast, als er sich bewußt mit dem Wohl=ergehen der Gottlosen und den Leiden der Gerechten auseinandersetzen mußte. Sie brannte in der Seele der Jünger, als sie angesichts eines Blindgeborenen den Meister fragten: „Wer hat gesündigt: dieser oder seine Eltern?" Sie schweigt auch nicht in unserem Leben.

Für sich selbst haben einzelne eine Lösung gefunden. Ein Asaph fand sie, und der Ausklang des 73. Psalms ist von solcher Tiefe und Schönheit, von solcher Gewiß=heit und Kraft, daß er mit zum Wertvollsten gehört, was wahrer Glaube je in Gott gefunden hat.

Auch Jesus fand die Lösung; daher schrak er vor dem Weg hinauf gen Jerusalem nicht zurück. Auch die Lei=den, die seiner dort warteten, gehörten für ihn zum Leben und zu seinem Messiasberuf, den er vom Vater empfangen hatte. Sein Leben der unmittelbaren Gemein=schaft mit dem Vater hatte das Diesseits und Jenseits, die Not und den Tod überwunden. Für *ihn war auch alles Leiden Leben vom Vater, Leben durch den Vater und Leben zum Vater hin.* Daher war sein Leben auch von jener großen, tiefen Sabbatruhe, die ihn noch am Kreuz beten ließ: „Vater, vergib ihnen; denn sie wissen nicht, was sie tun." Von ihm ging ein Friede aus, der höher war als alles menschliche Denken und Erhoffen.

Ähnlich lösten sich auch für Paulus alle Leiden. Seine Schwachheiten erkannte er als Gelegenheiten für Gott, indem sich dessen Kraft in seiner Schwachheit vollendete. Seine Trübsale erduldete er als einen Gewinn für die Gemeinde Jesu Christi. Sein Pfahl im Fleisch trug ihm die große Offenbarung ein: „Laß dir an meiner Gnade genug sein!" Aus schwersten Kämpfen und Leiden heraus schreibt er daher allen Gliedern einer werdenden Christus- und Kreuzesgemeinde ins Leben hinein: „Denen, die Gott lieben, müssen alle Dinge zum Guten mitwirken."

Die Lösung muß daher auch von jedem einzelnen von uns gefunden werden. Sie kann nicht weitergegeben werden, sondern wird nur erlebt. Sie wird uns von Aposteln und Propheten zwar bezeugt, aber nicht übertragen. Diese weisen uns zwar den Weg zur Lösung, aber geben uns nicht die Lösung selbst. *Die Lösung liegt einzig und allein in Gott.* Nur wer in Gott die Lösung gefunden, steht alsdann mit seinem Leben nicht mehr unter der Herrschaft des Leids, des Zufalls, des Stoffs, der Widerwärtigkeiten. Von Gott aus gewinnt das Leben mit seinen Widersprüchen, Kämpfen und Leiden dann einen gottgewollten Zweck und ein göttliches Ziel. Hinfort bringt der Glaube das Leben in Einklang mit Gottes Willen, und er wird zum Sieg, der die Welt mit all ihrem Leid überwindet.

Das erlebte einst auch Hiob. Solange er seine Leiden nicht verstand und nicht die Lösung in Gott gefunden hatte, sah er sich in tiefste Nacht gehüllt. Was ist der Mensch? fragte er aus der Tiefe seiner Leiden heraus. Er hatte fromm und in Unschuld des Herzens vor Gott gelebt. Sein Leben hatte er nach göttlichen Grundsätzen geordnet. Seine Familie hatte er auf betendem Herzen getragen und ihr als Prophet und Priester Gottes gedient. Es lag keine bewußte Schuld wie ein Schatten zwischen ihm und seinem Gott. Mit Dank hatte er jeden Segen als ein Geschenk der Gnade aus der Hand seines Schöpfers genommen. Selbst der große Verkläger unserer Brüder, der Widersacher Gottes und des Menschen, hatte seine Unschuld bezeugen müssen. Vergeblich hatte Satan nach einem Makel gesucht, der ihm das moralische Recht gegeben hätte, wider Hiob eine Anklage vor Gott zu erheben. Alles, was Satan auszusetzen hatte, war, daß er „die Reinheit der Beweggründe" Hiobs in Frage zog. „Ist Hiob umsonst gottesfürchtig?" fragte er den Herrn.

Und doch war Hiob in diese furchtbare Leidensglut hineingetaucht worden. Die Wasser der Trübsal gingen ihm bis an die Seele, und ihre Wogen drohten ihn zu verschlingen. Es hatte den Anschein, als ob ein Gericht Gottes nach dem andern über ihn hereinbrach. Es folgte Schlag auf Schlag, wie wenn die göttliche Gerechtigkeit mit seinem Leben Abrechnung halten wollte.

Allein sein Gewissen verklagte ihn nicht. So sehr auch seine Freunde es ihm nahelegten, *daß entsprechend seiner tiefen Leiden auch seine tiefe Schuld sein müsse,* so konnte er doch nichts anderes antworten als: „Mir ist nichts bewußt."

Das Gewissen war noch immer ein unbestechliches Etwas in der Brust des Menschen. Es schweigt nicht, wenn eine Schuld vor Gott vorliegt. Obgleich wir und andere sie mit tausend Gründen zu entschuldigen suchen, es hält seine Anklage gegen uns aufrecht vor Gott. Und es verklagt uns nicht, wenn unser Herz unschuldig ist vor Gott. Mag uns die ganze Umgebung belasten, mag man unsere Dienste und unser Leben falsch oder richtig beurteilen, mögen selbst unsere Freunde bedenklich werden gegen unsere Stellung — *das Gewissen schweigt, weil Gott schweigt.*

Auch Hiobs Gewissen schwieg. Denn sein Herz war rein und lauter vor Gott. Und doch saß er in einem Schmelztiegel, wo die Flammen heißer und heißer wurden. Nur eins war merkwürdig: *die Glut verbrannte ihn nicht.* Da verstand Hiob sich nicht mehr, er verstand sein Leben nicht mehr. Er verstand nicht, wie er so unschuldig in diesen Feuerofen gekommen sei. Es lag daher alles wie ein Rätsel vor ihm, das er nicht lösen konnte. Und aus seinem tiefen Schmerz heraus klagt seine Seele: „Was ist der Mensch, daß du ihn so hoch hältst und acht auf ihn hast? Daß du ihn jeden Morgen heimsuchst und ihn jeden Augenblick prüfst?"

Auch wir kennen alle den Weg der Leiden. Das Leid ist auch an uns nicht vorübergegangen. Mehr oder weniger haben wir seine Bitterkeit geschmeckt. Es ist uns nicht immer leicht, die mancherlei Gebrechen und Krankheiten zu tragen, die sich bei uns persönlich und in unserer Familie und in unserer Umgebung einstellen. Wir verstehen den Apostel so gut, wenn er schreibt: „Wenn Trübsal da ist, dünkt sie uns nicht Freude zu sein."

Jedoch am schwersten sind auch für uns immer *die außergewöhnlichen Leiden.* Mit allerlei Trübsalen und Widerwärtigkeiten, mit leiblichen Gebrechen und Beschwerden, mit Unannehmlichkeiten im Alltags- und Berufsleben, mit gelegentlichen Ungerechtigkeiten im Handel und Verkehr rechnet man, weil sie so alltäglich sind. Aber werden die Wasser der Trübsal besonders bitter, dann stehen auch wir vielfach mit Hiob vor einem ungelösten Rätsel. Wohl nur selten ahnen wir, welche Süßigkeiten auch diese bittern Wasser von Mara für uns enthalten können. *Erst wenn das Feuer sein Werk getan, sieht man, wie viele Schlacken das Gold noch enthielt.*

Es gibt nicht viele, die gelernt haben, mit Paulus zu sprechen: „Ich habe Wohlgefallen an Schwachheiten, an Mißhandlungen, an Nöten, an Verfolgungen, an Ängsten um Christi willen." Nur wenige begrüßen wie er die Leiden als Gelegenheiten für neue Herrlichkeiten Gottes. Er hatte, durch Leiden geübt, das tiefe Geheimnis erfaßt: „Wenn ich schwach bin, dann bin ich stark." Und darum will er sich am liebsten seiner Schwachheiten rühmen, auf daß die Kraft Christi in ihm wohne und sich auf dem Boden seiner Schwachheit vollende.

In der Theorie stehen auch wir vielfach auf dem Boden: Schwierigkeiten — Herrlichkeiten! Wenn diese sich aber unverhofft, fast unerträglich schwer, von einer ganz anderen Seite und in ganz anderer Form einstellen, als wir es erwarteten, dann verstehen auch wir zunächst den Herrn nicht mehr. Unsere Seele wird in tiefe Nacht gehüllt. Vergeblich späht unser Auge nach einem Ausweg. Selbst die Gewißheit *von der Zweckmäßigkeit aller Leiden* wird uns verdunkelt.

Gewöhnlich denken auch wir zunächst, wenn außergewöhnliche Leiden und Trübsale da sind, daß sie ein Gericht Gottes für irgendeine verborgene Schuld sein müssen. Und gewiß sind manche Leiden ein Gericht für uns.

Es ist daher keine überflüssige Selbstprüfung, wenn man sich bei eintretenden Leiden fragt: Herr, warum mußtest du mir dieses Übel senden? Liegt eine bewußte oder verborgene Schuld auf meiner Seele? Habe ich mich nicht freiwillig durch deine Kraft von Dingen lösen lassen, von denen du mich lösen wolltest? Oder gefiel ich mir selbst in meiner Kraft, in meinem Eifer für dich, in meiner Treue und Hingabe an deine Sache? Oder habe ich deine Kinder gerichtet, die ungeduldig waren in ihren Leiden, müde wurden in ihrer Trübsal, Klagelieder statt Lobgesänge in ihrer Schmelzhütte sangen?

Wer so fragen wird, der wird auch bald eine Antwort vom Herrn empfangen. Ist unser Gewissen rein, liegt kein bewußtes Verschulden vor, dann wird unsere Seele stille bleiben vor Gott. Liegt jedoch etwas vor, wodurch unsere Leiden und unsere Trübsale herausgefordert wurden, dann wird der Heilige Geist uns die Gründe aufdecken und uns Gelegenheit geben, sie unter das Kreuz Christi zu bringen. *Jede vor Gott bekannte Schuld des Lebens hört aber auf, für uns eine Ursache des Gerichts zu sein.*

Jedoch vielfach haben unsere Leiden eine viel tiefere Bedeutung. Sie sind nicht ein Gericht für uns, sondern ein Weg, auf dem wir zu ungeahnter Schönheit und Herrlichkeit gelangen sollen. Der Herr will in unserem Leben wahr machen, was der jüngste und letzte der

Freunde zum Trost Hiobs sagen durfte: „Auch dich lockte er aus dem Rachen der Angst *in einen weiten Raum*" (Hiob 36, 16). Nicht die Angst, in die Hiob kam, war Selbstzweck in der Hand Gottes. Aber sie war der Weg, auf dem Hiob zu jenem weiten Raum gelangen sollte, wo er Segen in Überfluß finden würde. Der Weg zum weiten Raum führte durch die Angst hindurch.

Dieses köstliche Ziel sah Hiob zunächst nicht. Er ahnte nicht, welch einem Tage des Segens er durch diese Nacht der Leiden entgegengehen durfte. Gott wollte ihn auserwählt machen im Ofen des Elends. Er sollte die Probe liefern, daß er Gott liebe aus reinem Herzen. Nicht Gericht halten wollte Gott an seinem Knecht, wie drei der Freunde Hiobs meinten. Es sollte auf dem Wege der Leiden in ihm jene köstliche Frucht ausreifen, die den Beweis liefern sollte, *daß wahre Gottesfurcht nur aus reiner Liebe zu Gott fließen könne.*

Gerade diese Wahrheit hatte Satan vor Gott in Frage gezogen. Er hatte die Gottesfurcht Hiobs hingestellt als eine Frucht seiner Selbstsucht. Hiob liebe Gott nur, weil er sich von Gott gesegnet sähe. Würde Gott ihm aber den Segen entziehen, ihm Kinder und Familienglück, irdisches Wohlergehen und Gesundheit nehmen, dann würde auch Hiob, wie so viele andere, Gott verlassen, „ihm ins Angesicht den Abschied geben".

Satan beurteilte Hiobs Frömmigkeit nur vom Standpunkt des Gewinns für das natürliche Leben aus. Das natürliche Leben sucht in allem nur sich selbst, auch in der Liebe zu Gott. Das Eigenleben liebt Gott nur insoweit, als es sich von Gott gesegnet sieht. Es dient Gott, weil es dabei gewinnt. Jenen neuen Lebens- und Geistesboden, auf dem man Gott im Geist und in der Wahrheit dient, kennt Satan nicht. Er ist nie durch den Geist wiedergeboren worden. Er kennt keine reine Liebe zu Gott und keine kindliche Gottesfurcht. Er beugt sich vor Gott nur insoweit, als er sich unter die gewaltige Hand seines Schöpfers beugen muß.

Allein Hiob gehörte zu den alttestamentlichen Geistesmenschen, die Gott liebten aus reinem Herzen. Und wenn es gelegentlich auch ganz dunkel in seiner Seele wurde, er rang sich dennoch durch zum Sieg. So unverstanden ihm auch anfänglich die tiefen Leiden waren, sein Glaube hat nicht Schiffbruch erlitten, sondern ging nur geläutert aus diesem Schmelztiegel hervor. *Er durfte in der Hand Gottes das Gefäß sein, durch das Gott gerechtfertigt wurde vor seiner gefallenen Schöpfung.*

Der große Schmelzer

Einst besuchte ein Knecht Gottes eine Porzellanfabrik. Dort sah er, wie ein Arbeiter auf seiner Tonscheibe eine wunderschöne Blumenvase formte. Endlich schien sie fertig zu sein. Der Meister prüfte sie nochmals von allen Seiten, und plötzlich warf er sie wieder auf seine Tonscheibe. Entsetzt über diese Handlung fragte der Gottesmann den Meister: „Was machen Sie?“ „Ja“, antwortete der Meister in aller Ruhe, „der Ton hatte noch Härte in sich.“

Nicht der Ton wurde verworfen, sondern nur die Form des Tons. Der Ton selbst blieb in des Meisters Hand. Diese knetete ihn noch einmal und bereitete aus ihm eine neue Vase zu. Diese gelang. Der Ton hatte seine

Härte verloren, und der Meister wußte, daß das Gefäß jetzt nicht zerspringen würde, wenn es im Glutofen seine letzte Feuerprobe zu bestehen habe.

Welch ein Trost, zu wissen: der große Künstler selbst wacht über uns! Er verwirft nicht den Ton, sondern verwirft nur die Härte in uns, wenn er uns wieder und wieder auf seine Tonscheibe legt. Er weiß, welch ein brauchbares Gefäß jener Ton zuletzt in seiner Meisterhand werden wird, der gegenwärtig noch so manche Härten in sich trägt.

Oft denken wir, wenn die Nacht der Leiden schwärzer und schwärzer wird, Gott habe uns ganz verlassen, er habe für immer uns seine starke Hand entzogen. Aber wir ahnen nicht, wie nahe in solchen Stunden der Herr uns ist. Als einst der heilige Antonius von Padua, dieser gewaltige Bußprediger im dreizehnten Jahrhundert, nach einer schweren Versuchung eine Vision hatte, in der Christus ihm erschien, da fragte er: „Herr, wo warst du denn bis jetzt, daß du mir nicht früher geholfen hast?" Eine Stimme antwortete ihm: „Antonius, ich war bei dir, ich war Zeuge deines Kampfes und werde dich niemals verlassen!"

Auch Hiob ahnte nicht, als er in die außergewöhnliche Leidensglut hineingetaucht wurde, daß Gottes Auge selbst das Gold überwachte. Gott war es, der genau das Maß seiner Leiden festsetzte. Satan durfte nicht einen Schritt weiter gehen, als Gott es ihm erlaubte. Nicht um einen Grad durfte die Glut heißer werden, als es nötig war. Der Herr wußte ganz genau, welch ein Maß von Leiden Hiob ertragen könne. Denn er ist treu und läßt uns nicht versuchen über unser Vermögen. *Auch im*

Schmelztiegel der Leiden behütet er seine Heiligen wie seinen Augapfel. Nicht ein Körnlein darf bei der Sichtung auf die Erde fallen und mit der Spreu verlorengehen, wenn er die Seinigen sichten läßt wie den Weizen.

Der Herr macht daher wahr, was er seinen Auserwählten verheißen hat: „Wenn du durchs Wasser gehst, so will ich bei dir sein, und durch Ströme, so sollen sie dich nicht ersäufen. Wenn du durchs Feuer wandelst, sollst du nicht verbrennen, und die Flamme soll dich nicht anzünden" (Jes. 43, 2). Nur drei Männer wurden einst im chaldäischen Weltreich in den feurigen Ofen geworfen, den man für sie siebenmal heißer gemacht hatte als für gewöhnlich. Aber das Auge des Königs sah einen vierten mit ihnen im Ofen wandeln. Dieses war der Herr, der dem Feuer seine verzehrende Kraft nahm.

Er ist auch bei uns. Mag unser Auge ihn auch nicht sehen, er ist mit hinabgestiegen in die Glut. Er überwacht uns, wie nur sein geübtes Auge überwachen kann. Er leidet mit uns und stärkt uns, wo unser Glaube und unsere Kraft zu erlöschen drohen. Und spiegelt sich in dem gereinigten Metall erst sein eigenes Bild wider, dann hat die Glut ihr Werk getan. Der Meister hat sein Ziel erreicht und stellt sein Werk vollendet in den Dienst seines Reiches.

Das geläuterte Gold

Sahst du es schon, wie wunderbar der Strahl
des blassen Lichts erst dann erglühte
in siebenfach erneutem Farbenspiel,
als am Kristall er jäh zersprühte?

Und hörtest du den tiefen, vollen Ton,
der dann der Glocke erst entschwebte,
als eine starke Hand sie kraftvoll schlug,
daß zitternd sie im Stuhl erbebte?

Ließ selbst die Erde eher nicht den Strahl
des reichsten Wassers sich ergießen,
als bis des Bohrers scharf geschliffner Stahl
ihr Herz, ihr Innerstes zerrissen?

Und hast du je bedacht, daß jenes Gras,
das achtlos oft dein Fuß durchschritten,
zu süßen Wohlgerüchen fähig ward,
als ihm der Lebensnerv zerschnitten?

War's nicht, als ob's sein Allerköstlichstes
für sich gebunden hielt im Leben
und erst im Welken – durch des Todes Kraft –
die süßen Düfte freigegeben? –

Und weißt du jetzt, warum dein Gott dich oft
in Todestiefen mußte tragen –?
Weil er den reinsten, vollsten Ton noch nicht
aus deines Lebens Erz geschlagen.

Denn soll das Gold, das tief in dir er schuf,
in göttlich reinem Glanze schimmern,
so muß die Wucht erst der gewalt'gen Hand
die Felsen deines Seins zertrümmern.

Und willst du, daß er auf der Seele Flehn
im Feuer Antwort geb' auf Erden,
so muß die Kraft, die du gebunden hältst,
erst durch Verbrennen flüssig werden.

Und wortlos betest du im Staube an:
er ließ es ahnend dich begreifen,
daß Früchte, deren Duft sein Herz erquickt,
allein auf Todeswegen reifen.

Und staunend betest du die Gnade an,
die dich der Leiden wertgehalten,
um Leben – Auferstehungsherrlichkeit –
in deinem Sterben zu entfalten.

Dieses köstliche Gedicht sagt mehr, als ich noch zu sagen vermag. Es wurde mir vor vielen Jahren von einer schwer lungenkranken Studentin aus Dorpat gesandt. Nicht lange nachher erlag sie ihrem Leiden, und ihr Meister holte sie heim in die ewige Ruhe mit ihrem nie ermüdenden Dienst.

Diese Verse waren mithin eine der letzten Früchte, die der Herr in ihrem schwachen Leben zur Reife bringen konnte. Sie verraten die Hitze, in der sie reiften. Oft genügt nur ein Brief, und wir wissen bereits, ob die Seele durch Leiden geläutert ist oder nicht. Nur kurze Zeit der Gemeinschaft, und wir fühlen's, ob jemand in der Tiefe die Herrlichkeit Gottes geschaut hat und gelöst worden ist von sich selbst oder noch bei sich selbst steht.

Wie gerecht und fromm auch der Hiob der ersten Kapitel war, einem ganz anderen Hiob begegnen wir in den letzten Kapiteln. Nachdem Hiob in diesem Feuerofen gewesen war, ward er gelöst von sich selbst. „Ich hatte von dir mit den Ohren gehört; aber *nun hat mein Auge dich gesehen*", ruft er aus, als er auf sein verflossenes Leben zurückblickt. In tiefer Beugung bekennt er: „Ich habe unweislich geredet, das mir zu hoch ist und ich nicht verstehe."

Als Hiob nichts mehr von sich, nichts von seiner Frömmigkeit, nichts von seinem Wissen und seiner tiefen Erkenntnis hielt, sondern allein die Größe und Majestät Gottes sah, da hatte Gott sein Ziel erreicht. Hinfort schlug für ihn die Stunde der Erlösung. Das Gefäß wurde aus der Glut genommen und mit neuem Leben gefüllt. Dieses sollte für die kommenden Zeitalter zu jenem ewigen Zeugnis werden, *daß in Gottes Hand auch die schwersten Leiden zu einem ungeahnten Segen werden können.*

Sind nicht später die schönsten Psalmen im Ofen des Elends geschrieben worden? Die tiefsten Lieder, die wir haben, sang man sie nicht zuerst in Kerkerzellen, auf Schmerzenslagern, in der Wüste des Lebens und in der Hitze des Kampfes? Johannes schrieb die Offenbarung Jesu Christi, als er einsam auf der Insel Patmos saß. Bunyan verfaßte seine bekannte „Pilgerreise" in der Kerkerzelle, in die man ihn zwölf Jahre gesteckt hatte. In schwerer Zeit sang Paul Gerhardt: „Befiehl du deine Wege!"

Nur in der Kelter kann die süße Traube zu jenem edlen Wein werden, durch den Schwache neue Kraft gewinnen. Gereinigtes Gold hat immer zuvor des Feuers Glut geschmeckt. *Nur durchs Kreuz reifen jene Priesterseelen aus, durch die Gott dauernd die Welt segnen kann.*

Jesus kommt nie zu spät

„Herr, wärest du hier gewesen, mein Bruder wäre nicht gestorben!" Joh. 11, 21. 32

Die verspätete Hilfe

Diese Worte sagten alles, was Maria und Martha in ihrem tiefen Schmerz empfanden. Ihre Seele hatte doppelt gelitten. Einmal hatten sie durch den Tod ihren Bruder verloren, den einzigen, den sie hatten. Aber was den Verlust doppelt schwer machte, war, daß sie ihn nicht hätten verlieren müssen, wenn nur zur Zeit die Hilfe ihres Meisters gekommen wäre.

Nie hatten Maria und Martha gezweifelt an der Liebe ihres Meisters, dem sie so oft in ihrem Hause hatten dienen dürfen. Sie wußten, daß er Vollmacht von Gott hatte, ihren Bruder gesund zu machen. Mit dem größten Vertrauen hatten sie sich daher in ihrer Not an ihn gewandt und ihm sagen lassen: „Herr, den du liebhast, der liegt krank!"

Aber die beiden Schwestern warteten Stunde um Stunde, und der Meister kam nicht. Abwechselnd verließen sie das Krankenbett ihres schwer leidenden Bruders und eilten hinaus auf die Landstraße, auf der Jesus kommen sollte. Aber weder der Meister noch seine Jünger kamen in Sicht. Der Bruder wurde schwächer und schwächer, kalter Schweiß begann die Stirn des Sterbenden zu netzen, und immer hoffte man noch: Er wird kommen! Aber er kam nicht! —

Erst als Lazarus gestorben war und das Liebste, das die beiden Schwestern hier auf Erden hatten, im Grabe lag, kam plötzlich die Nachricht, daß Jesus komme. Da eilte Martha hinaus ihm entgegen und begrüßte den Meister mit den Worten: „Herr, wärest du hier gewesen, mein Bruder wäre nicht gestorben!" Und dasselbe tat auch Maria, als später sie zum Herrn kam. Aber die beiden Schwestern ahnten zunächst nicht, wieviel Liebe mit diesem Zögern ihres Meisters verbunden war. Sie sahen nicht, welch ein überströmender Segen für sie und andere hinter diesem Zögern lag. Für sie bedeutete es zunächst den bittersten Verlust, einen dunklen Weg, den sie mit schwerem Herzen gehen mußten. Erst hernach durften sie erfahren, *daß Jesus nie zu spät kommt,* und daß sein Zögern jenen Boden vorbereitet, auf dem wir tiefer als je zuvor ihn erkennen und seine Herrlichkeit schauen sollen.

Denn neue Herrlichkeiten unseres Meisters können von uns nur auf einem neuen Boden erlebt werden.

Der neue Boden

Dieser Boden mußte vorbereitet, geschaffen werden. Werden doch immer göttliche Herrlichkeiten erst in gött= lichen Handlungen sichtbar. Nun war in den Tagen Jesu zwar bereits manches Große geschehen. Fast auf allen Gebieten menschlichen Elends hatte man in den Voll= machten Jesu die Herrlichkeit Gottes gesehen. Ob es sich handelte um körperliche Leiden, um Blinde und Lahme, um Gichtbrüchige und Aussätzige, um Taube und Sprach= lose oder um seelisch und geistig Gebundene, Jesus er= wies sich auf allen Gebieten als der Größere, als der Gebietende. Ihm gehorchten nicht nur Wind und Wellen, sondern auch Seuchen und Dämonen. Daher pries das Volk Gott, daß in seinen Tagen solche Vollmachten den Menschen gegeben worden waren. In dem großen Pro= pheten von Nazareth war der Gott der Propheten wieder gegenwärtig. Man erlebte wieder Gottes Kraft und Got= tes Trost im Leid der Zeit.

Aber auf dem Gebiet der Verwesung war die Macht Gottes noch nicht offenbar geworden, hatte man die

Kräfte Gottes in den Vollmachten Jesu noch nicht erlebt. Wenn wir auch lange nicht alles in unserem Evangelium haben, was Jesus gesagt und getan hat, so wissen wir doch aus ihm, daß bisher noch nie eine verwesende Leiche ins Leben zurückgerufen worden war. Oder war die Verwesung ein Gebiet, wo sich die zersetzenden Todesmächte stärker erweisen sollten als die schöpferischen Lebenskräfte, die im Dienste Jesu wirkten?

Das sollte am Grabe des Lazarus offenbar werden. *Die unumschränkte Lebensherrschaft Jesu konnte nur auf dem Boden der Todesherrschaft geschaut werden.* Daher ließ der Vater es auch nicht zu, daß Jesus vor der Zeit nach Bethanien kam. Obgleich sowohl Maria als auch Martha ihm hatten sagen lassen: „Herr, den du liebhast, der liegt krank", hatte Jesus doch nicht kommen können. Er wurde innerlich gehalten und mußte an dem Ort bleiben, wo er war.

Wie gern wäre er gegangen, um denen zu dienen, die ihm so oft gedient hatten! Auch Jesus hatte Kreise, in die er sich zurückziehen konnte, um äußerlich und innerlich in ihrer Mitte zu ruhen, wo ihn der Opferduft einer reinen und hingebenden Liebe umgab. Solch einen Kreis bildeten auch Maria, Martha und Lazarus in Bethanien.

Das stille Warten

Welch eine Abhängigkeit vom Vater offenbarte jedoch Jesus mit seinem Bleiben in diesen Augenblicken! Über der Not, die ihn rief, stand ihm doch der Vater, von dem er sich gesandt wußte. *Die Direktiven für das jeweilige Handeln Jesu kamen von oben.* Er wußte, daß der Vater auch in der Zeitbestimmung keine Fehler machte. Er kommt nicht zu früh, wenn er seine Segnungen kommen heißt oder seine Aufträge gibt, und er verspätet sich nicht, wenn er mit dem Kommen seiner Segnungen wartet oder mit den Aufträgen für einen Dienst zögert. Daher wartete der Sohn. Denn auch seine Stunde sah er erst dann gekommen, wenn die Stunde des Vaters gekommen sein würde.

Was Jesus alles in diesen Tagen des Wartens gefühlt, erlebt, ersehnt haben wird, das wissen wir nicht. *Es ist immer schwer, die Seele großer Propheten zu verstehen.* Und siehe, hier war mehr als ein Prophet! Unsere Seele vermag seine Kämpfe, seine Leiden, sein Sehnen und Schauen nie voll zu fassen. Aber eins wissen wir: Jesus muß in jenen Tagen viel gebetet, viel mit dem Vater über den Fall in Bethanien geredet haben. Denn als er zum Grabe kam, hob er seine Augen auf und sprach: „Vater, ich danke dir, daß du mich erhört hast. Ich wußte ja, daß du mich allzeit erhörst." Aus dem Umgang mit dem Vater hatte Jesus erfahren, warum er hatte bleiben müssen. Aber Maria und Martha wußten es noch nicht. Sie ahnten noch nicht, daß das augenblickliche Warten Gottes für sie keinen Verlust, sondern ungeahnte Hilfe und nie erwarteten Segen bedeuten sollte. *Wohl hatten sie die Herrlichkeit ihres Meisters am Krankenbett ihres leidenden Bruders erwartet, sie sollten diese aber weit herrlicher am Grabe ihres verstorbenen Bruders sehen.* War ihnen Jesus bis jetzt groß gewesen als Arzt und Prophet, jetzt sollte er ihnen noch größer werden als Herr über Tod und Verwesung. Hier am Grabe ihres Bruders sollten sie eines der größten

Geheimnisse erfassen, *daß nämlich keine Macht ihnen einen Segen entreißen könnte, den Jesus nicht mit Auferstehungsleben wiederzugeben vermag.* Wohl war der Tod stark genug gewesen, ihnen den Lazarus zu nehmen, aber Jesus sollte sich als stärker erweisen, um ihnen den Geraubten wiederzugeben.

Das göttliche Verziehen

Haben wir einmal in diesem Lichte das Warten Gottes auch in unserem Leben gesehen? Ich meine: haben wir einmal darauf geachtet, daß vielfach sein Warten auch in unserem Leben die Vorbereitung war für neue Offenbarungsherrlichkeiten? Auch wir konnten es nicht verstehen, daß Gott so lange schwieg, daß unsere Gebete keine Antwort fanden, daß die göttliche Hilfe ausblieb und die Wogen der Leiden uns bis an die Seele gingen. Auch wir hatten unsere Zuflucht zu ihm genommen und wußten, daß sein Eingreifen die Sache wenden, unserm Lazarus Genesung bringen würde. Aber so heiß auch unsere Gebete waren, sie blieben ohne Antwort. So sehr unser Auge auch nach seinem Kommen ausspähte, seine Fußtritte wurden nicht gehört, seine Kräfte nicht gesehen. Er wartete mit seinem Kommen, bis ein Zustand in der Sache eingetreten war, wo auch wir keine Hilfe mehr erwarteten. Für uns war die Sache tot und begraben, hoffnungslos aufgegeben für immer. Und wir ahnten nicht, daß alles nur jenen Boden vorbereiten mußte, auf dem unser Glaube Herrlichkeiten Gottes erleben sollte wie nie zuvor. *Gottes Warten war nicht Gericht, sondern Gnade; nicht Verlust, sondern ungeahnter Gewinn.*

Und mir ist es, als ob wir auch die großen, erschütternden Ereignisse unserer Zeiten in diesem Lichte sehen sollten. Alte Welten stürzen ein, und die ungeheuren Staubmassen zusammengebrochener Ruinen füllen die Luft und lassen unsern Atem stocken. Es liegt so vieles unter den Trümmern begraben, was uns einst lieb und wert war. Wie sehnten wir uns nach dem göttlichen Eingreifen, als die Mächte am Werk waren, die das gegenwärtige Trümmerfeld schufen! Aber Gott kam nicht. Soll nicht auch auf diesem Boden das Wort Jesu an Martha wahr werden: „Wenn du glaubst, wirst du die Majestät Gottes sehen"?

Wenn ich nicht diesen Trost hätte, ich wüßte nicht, wohin man mit all dem Weh fliehen sollte, unter dem die Seele seufzt. Aber wir wollen warten und sehen, ob nicht auch die Leiden und Gerichte unserer Tage eine Vorbereitung jenes Bodens sein werden, auf dem unser Glaube neue Herrlichkeiten Gottes schaut.

Fragen wir nicht, wie Gott das machen soll! Das weiß ich nicht zu künden. *Todesmächte zu zerstören vermag nur der Todesüberwinder.* Neuschöpfungen entstehen nur durch Schöpferkräfte. Einen verstorbenen Lazarus uns wiederzugeben, vermag nur der Eine, der größer ist als Tod und Verwesung. Und dieser Eine lebt! Mir steht fest: durch all die entsetzlichen Katastrophen, durch all das erlittene Todesweh, durch all die zerstörenden Finsternismächte hindurch ist auch in unseren Tagen wieder jener Boden vorbereitet worden, wo unser Glaube die triumphierende Majestät Gottes schauen wird, wie sie Leben aus dem Tode ruft.

Der menschliche Widerspruch

Vielleicht wird es aber auch uns zunächst ergehen, wie es Maria und Martha erging. Sie widersprachen, als Jesus handeln wollte. Denn als er gebot, den Stein von der Gruft hinwegzuheben, rief Martha: „Herr, er riecht schon!" Hatten sie schon das Warten Jesu nicht verstehen können, noch viel weniger verstanden sie jetzt sein Handeln. *Denn neue Gottesherrlichkeiten liegen immer jenseits unserer bisherigen Erfahrungen.* Martha hätte nicht widersprochen, wenn Jesus hätte einen Blinden heilen, einen Gichtbrüchigen gesund machen oder einen Aussätzigen reinigen wollen. In diesem Falle würde ihr Auge mit seliger Spannung auf das Handeln Jesu gewartet haben. Hier jedoch widersprach sie, *weil das Kommende über das bisher Erlebte hinausging.*

Und weiter sprach Jesus zu Martha: „Habe ich dir nicht gesagt: so du glaubst, wirst du die Majestät Gottes schauen?" Also nicht nur äußerlich, sondern mithin auch in der Seele der Maria und Martha mußte jener Boden geschaffen werden, auf dem man neue Herrlichkeiten Gottes erleben konnte. Dieser Boden war das unbedingte Vertrauen. Maria und Martha hatten vertraut, wo es sich handelte um die Genesung eines kranken Bruders. Aber sie versagten in ihrem Vertrauen, wo es sich handelte um die Auferstehung eines verstorbenen Bruders.

Das ist eine Erscheinung, die bisher immer wiederkehrte im Leben der Glaubenden. Man schenkte dem Herrn das unbedingte Vertrauen, wo es sich um Dinge handelte, in denen man das Eingreifen Gottes je und je erlebt hatte. Sobald aber unser Glaube sich in Situatio=

nen, in Verhältnisse versetzt sah, wo uns jegliche Erfahrung fehlte, da drohte er auch in unserem Leben zu versagen. *Auch dem geübten Glauben wird es schwer, jenseits aller bisherigen Erfahrungen Herrlichkeiten Gottes zu erwarten.*

Die Gefahr liegt nahe, daß auch wir mit Martha protestieren werden: „Herr, er riecht ja schon!", wenn er uns gebieten wird, den Stein von der Gruft zu heben. Die Herrlichkeiten Gottes werden auch diesmal über unsere bisherigen Erfahrungen hinausgehen. Daher wird uns das beabsichtigte Handeln Gottes so aussichtslos erscheinen. Und wo uns die wirkenden Kräfte Gottes in ihr Handeln mit hineinziehen wollen, damit Steine hinweggeräumt werden und das Leben Zutritt zum Tode erhält, da werden wir mit Martha protestieren: „Herr, er riecht ja schon!" Die Zuversicht Jesu wird auf unsere völlige Hoffnungslosigkeit stoßen — eine Hoffnungslosigkeit, die uns unfähig macht, den Stein von der Gruft unseres Bruders hinwegzuheben.

Aber Jesus hatte Worte auch für eine protestierende Seele. Er wußte: Martha widersprach nicht aus Prinzip, sondern aus Unkenntnis. Ihre bisherige Auferstehungsdogmatik ließ es ihr schwer werden, Jesus in dem zu verstehen, was er ihr über Leben und Auferstehung gesagt hatte. Hätte sie ihn darin verstanden, daß er das Leben und die Auferstehung sei und bereits jetzt tun könne, was sie erst bei der allgemeinen Totenauferstehung am Ende der Tage erwartete, sie hätte nicht protestiert. *Dogmatische Traditionen können Glaubende in unsagbar schwere Seelenkonflikte bringen.* Sie sind fähig, uns in den Augenblicken widersprechen zu lassen, wo Gottes Majestät sich an der Macht des Todes zum Heil unseres Bruders verherrlichen will.

Allein Jesus ließ sich durch den Widerspruch Marthas nicht aufhalten. Er rief in die geöffnete Gruft hinein: „Lazarus, stehe auf!“ Und alsbald richtete sich der Verstorbene auf, gebunden mit Grabtüchern, in die liebende Hände ihn gehüllt hatten. „Löset ihn auf und laßt ihn gehen!“ sprach darauf der Fürst des Lebens. „Was eure Liebe ihm mitgegeben hat als einem Verstorbenen, das taugt nicht für Lebende.“ So siegte das Leben über den Tod, und das Auge Marthas und Marias schaute die Majestät Gottes im Handeln ihres Meisters.

Zu schwerem Dienst berufen

> Da antwortete Mose und sprach: „Und wenn sie mir nicht glauben und nicht auf mich hören, sondern sagen: Der Herr ist dir nicht erschienen!?“
>
> 2. Mose 4, 1

Die göttliche Berufung

Es handelte sich hier um die Berufung Moses zum Dienst unter seinen Brüdern. Gott wollte ihn zum Retter seines Volkes setzen. Durch ihn wollte er dem seufzenden Volke antworten lassen auf die Gebete, die zu ihm emporgestiegen waren. Mose sollte das Organ werden, durch das Jehova eine geknechtete Nation mit Erkenntnis des Heils und sozialer Errettung segnen wollte.

Nicht Ägypten hatte Gott bis jetzt gehindert, Israel aus der Knechtschaft zu führen. Die Hindernisse lagen vielmehr im auserwählten Volk selbst und in dem Die=

ner, den Gott dem Volke senden wollte. Solange Israel sich in Ägypten wohl fühlte, konnte Gott es unmöglich aus der Knechtschaft in die Freiheit führen. Als es aber das Joch Ägyptens nicht mehr tragen konnte und in seiner Ohnmacht bereit war, sich vom Herrn retten zu lassen, gab es für Gott keine Macht mehr, die die Rettung Israels dauernd hätte aufhalten können. Nach Freiheit seufzende Seelen werden immer eine weitgeöffnete Tür der Errettung finden. *Unserem Gott ist es ein Geringes, mit der Welt fertig zu werden, die sein Volk gefangenhält, wenn er nur erst mit seinem Volke fertig geworden ist, es innerlich auf seine Pläne und Heilsgedanken einzustellen.*

Es handelte sich daher um einen sehr köstlichen Auftrag, als der Herr versuchte, Mose in seinen Dienst zu berufen. Gott hatte vierzig Jahre Hirtendienst in der Wüste gebraucht, um diesen Mann der eigenen Kraft von sich selbst zu lösen. Wir wissen, wie Mose bereits in seiner Jugend das Verlangen in sich trug, seinem seufzenden Volke zu dienen. Wie gern hätte er schon damals als Prinz seine Brüder von ihrem unerträglichen Druck befreit! Aber der Weg, den er betrat, führte nicht zur Überwindung der Ägypter, sondern zur Flucht vor ihnen. *Weltflucht ist jedoch noch lange nicht Weltüberwindung.*

Mose erlebte vielmehr: wo eigene Kraft zur Geltung kommt, bringt sie uns und andere immer nur in die größten Verlegenheiten. Sie hebt nicht unsere Knechtschaft, sondern vermehrt sie; denn sie operiert mit fleischlichen Waffen. *Mit Machtmitteln des Fleisches lassen sich aber nicht erlösende Werte für die Brüder schaffen.* Als Mose in seinem Eifer für das Volk den Ägypter erschlug, bedeutete es nicht Erlösung, sondern vermehrten Druck für die Brüder.

Aber Gott hat Zeit, auch solche Persönlichkeiten, wie Mose eine war, wirklich klein und brauchbar zu machen. Er hat Zeit auch für uns. Nach vierzigjährigem Hirtendienst war Mose wirklich klein. Da rief ihn Gott. Ein Leben, das endlich gelöst war vom Selbstbewußtsein und von der eigenen Kraft, konnte Gott alsdann in seine höchsten Dienste ziehen.

Es gibt keinen köstlicheren Dienst, keine schönere Lebensaufgabe als jene, wo man im Auftrag Gottes etwas mit dazu beitragen kann, daß andere ihre Erlösung erleben. Unsere Seele genießt eine wunderbare Freude und atmet einen ungeahnten Frieden, wenn sie nach vollbrachtem Dienst merkt, daß lösende Kräfte von ihr ausgegangen sind. Sie empfindet wie ein fruchtbeladener Baum, der im Herbst seine reifen, süßen Früchte abgegeben hat und nun mit innerer Berechtigung ruht und seine müden Glieder hebt und in der Stille neue Kräfte sammelt für neue Aufgaben. Und zu solch einem köstlichen Dienst hatte Gott Mose berufen. Israel sollte aus der Knechtschaft Ägyptens unter die Leitung und Herrschaft Gottes gebracht werden. Aber Mose spricht: „Und wenn sie mir nicht glauben und nicht auf mich hören, sondern sagen: Der Herr ist dir nicht erschienen!?"

Denn so köstlich auch die Aufgaben waren, die Gott in das Leben seines Knechtes legen wollte, Mose wollte dennoch nicht gehen. Er stand jetzt vor den unüberwindlichen Schwierigkeiten, die er auf diesem Wege liegen sah. Einst hatte er seinen Brüdern dienen wollen; aber nun, wo Gott ihn rief, hatte er allen Mut verloren. Mose ahnte nicht, wie wunderbar der Herr auch mit den Hindernissen fertig werden kann, die auf dem Wege unseres Dienstes liegen. Er wußte nicht, daß sie mit in Gottes Rechnung genommen worden waren und ihm den Boden liefern mußten, auf dem er seine Macht und Herrlichkeit offenbaren wollte. *Sind wir erst bereit, uns senden zu lassen und Gottes Aufträge auszuführen, dann gibt es für Gott keine unüberwindlichen Hindernisse mehr.* Überwundene macht er dann zu Überwindern und setzt sie zu Trägern des Segens für ein geknechtetes Brudervolk.

Des Propheten Konflikte

Offenbar ließ Mose sich zunächst durch seine alten Erfahrungen bestimmen. Er war ja auf dem Gebiet der Erlösungsversuche nicht ohne Erfahrung. Diese aber hatte ihm die Überzeugung gebracht, daß er sein Volk nicht erretten könne. Ja, er hatte sogar gefunden, daß nicht einmal seine Brüder ihm vertrauten. Das lebte alles in seiner Erinnerung fort und stand jetzt lebendig vor seiner Seele, als Gott ihn gebrauchen wollte. Er glaubte, weder die innere Kraft noch die äußere Legitimation zu der Aufgabe zu besitzen, die Gott in sein Leben legen wollte. Aus Moses alten Erfahrungen floß kein Leben für seine seufzenden Brüder. Sie erwiesen sich vielmehr als eine Quelle, aus dem das Nein Moses seine Kräfte schöpfte. *Auch der Unglaube hat seine Quellen, aus denen er sich nährt, und seine Kräfte, von denen er lebt.* Er gründet sich auf Geschichte und Vergangenheit, ist vielfach sehr logisch in seinem Urteil, sehr konsequent in seinem Handeln und sehr orthodox in seiner Frömmigkeit.

Aber der Unglaube vergißt immer eins: *daß Gott nicht mit unserem, sondern mit seinem göttlichen Können rechnet.* Hätte Gott, als es sich um die Rettung Israels handelte, mit dem alten Mose rechnen müssen, so hätte auch Gott nichts zum Heil Israels ausgerichtet. Gott sah aber: was Mose einst war, wird er später nicht mehr sein. Moses eigene Kraft und sein eigenes Feuer waren von Gott verworfen worden. *Aber nicht das Gefäß als solches hatte er verworfen.* Dieses wollte er vielmehr zu seiner Stunde mit neuem Inhalt, mit neuen Kräften füllen. Und der Herr wußte, daß dann Mose nicht in seinen alten, sondern mit göttlichen Mitteln seinen Brüdern dienen würde. Das würde aber Heil, Leben, Freiheit für das seufzende Volk bedeuten.

Das ist das Große an der Gnade, daß sie nie nach unserer Vergangenheit, sondern nach unserer Zukunft fragt. Sie sieht nicht auf das, was wir einst waren, sondern was wir sein werden. Findet sie in uns erst jene Disposition, wo sie neugestaltend und handelnd in unser Leben eingreifen kann, dann ist ihr die Vergangenheit eines Saulus kein Hindernis, um aus diesem Gefäß jenen Apostel der Gemeinde Jesu Christi zu machen, der mehr als alle anderen Apostel dazu beigetragen hat, daß eine untergehende Welt in Christus ihren Erlöser fand. Noch heute lebt die Gemeinde von dem unvergänglichen Erbe, das seine Mission hinterlassen hat.

Wir ahnen daher nicht, was Gott auch aus unserm armen, bankrotten Leben zu machen vermag, wenn es einmal in seine Hand kommt und er es mit neuem Inhalt füllen kann. *Denn er ist nicht nur ein Gott der Geschichte, sondern auch ein Gott der Gegenwart.* Was er in den

Tagen der Apostel und Propheten tat, vermag er auch heute zu tun. Er holt sich auch heute noch seine Propheten hinter dem Pfluge und von der Dreschtenne, nimmt sie von der Schafherde und bildet sie zu Werkzeugen heran, durch die er Seufzende mit seiner Erlösung segnen und neue Heilszeiten einleiten kann. Denn verfügt er erst über jenen Prophetenmund, der auch auf einem Leichenfelde zu weissagen vermag, dann rauscht es alsbald unter den Totengebeinen, und die Geschichte erlebt eine neue Auferstehung. Hat er erst einen Mose gefunden, den er mit seinem göttlichen Erlösungsplan zum Heil eines seufzenden Volkes senden kann, dann gibt es keine ägyptische Macht mehr, die dauernd die Geburts- und Erlösungsstunde einer geknechteten Nation aufhalten könnte. Verfügt der Gott der Schöpfung erst über schöpferische Kräfte, dann kann ihn kein Trümmerfeld mehr hindern, eine neue Welt aus den Ruinen der Vergangenheit entstehen zu lassen.

Mose blieb, als er sich von Gott gerufen sah, bei dem Unglauben seiner Brüder stehen: „Wenn sie mir nicht glauben und nicht hören, sondern sagen: Der Herr ist dir nicht erschienen!?"

Mose urteilte so nicht ohne Grund. Er dachte an die bittere Erfahrung, die er vor vierzig Jahren unter seinem Volk gemacht hatte. Er war damals nicht verstanden worden. Und er wußte, wie erfolglos unser Dienen bleibt, wenn man nicht das Vertrauen des Volkes besitzt. Allein ihm war unbekannt geblieben, was Gott im Laufe der Jahre unter seinem Volke hatte erreichen können. *Das Volk von heute war nicht mehr das Volk von damals.* Es wartete jetzt auf den Augenblick, wo jemand im Auftrage Gottes ihm zur Rettung dienen würde. So suchen wir den Grund zur Ablehnung der Aufträge Gottes in der Regel zunächst in der Stellung anderer.

Allein der Herr löste dem Mose die erste Schwierigkeit. Da nannte Mose eine zweite: sein Unvermögen. „Ach, mein Herr", sprach er, „ich bin kein Mann, der reden kann; ich bin es weder gestern noch vorgestern gewesen und auch nicht, seitdem du mit deinem Knechte geredet hast; denn ich habe eine schwere Zunge."

Jedoch der Herr wollte weit mehr haben als die Gaben und Fähigkeiten seines Knechtes. Er wollte ihn selbst haben. *Und nicht mit den Gaben, die er nicht hatte, sollte er Gott dienen und seinen Brüdern zum Segen werden, sondern mit jenen, die er hatte.* Der Herr kannte seinen Knecht. Er hatte ihn vom Anfang seines Lebens an beobachtet und dafür gesorgt, daß er ihm für seinen Dienst erhalten bliebe.

Mose jedoch dachte, ohne die Gabe feuriger Beredsamkeit könnte er in diesem Dienst nicht auskommen. Aber welch eine köstliche Verheißung verband der Herr mit dem Einwand, den Mose hier erhob? War die schwere Zunge ein triftiger Grund, den der Herr gelten ließ? Mose machte den Herrn aufmerksam auf einen großen Mangel in seinem Leben, und der Herr macht ihn aufmerksam auf die Fülle, die in ihm selbst ist. „Das Vermögen, zu reden, will ich dir sein. Ich will mit deinem Munde sein und dich lehren, was du sagen sollst."

So sollen unsere Mängel, die wir bei uns selbst entdecken, ersetzt werden durch die überströmende Fülle, die in Christo ist. Der Herr ist nicht gebunden an unsere Gaben und Fähigkeiten. Er ignoriert sie nicht, wenn sie ihm geheiligt werden, aber er macht Seelenrettung und Priesterdienst nicht von ihnen abhängig. Wie oft haben Männer mit nur ganz geringen Gaben, aber mit einem Herzen, das voll Feuer und Liebe war, weit Größeres fürs Reich Gottes und für die Welt getan als solche, die durch ihre Fähigkeiten ganz besonders zu etwas Großem berufen schienen! Der Herr will auf dem Boden unserer Schwachheit seine Kraft vollkommen machen. „Wenn ich schwach bin, bin ich stark" — das soll der Ruhm seiner dienenden Knechte und Mägde werden. —

Darnach macht Mose dem Herrn noch eine weitere Schwierigkeit: „Bitte, Herr, sende, wen du willst!" Dies war die größte. Sie floß aus seinem eigenwilligen Herzen, aus bewußtem Ungehorsam. Es war sein ungebrochener Wille.

„Da ward der Herr sehr zornig über Mose." *Der Herr zürnt nie, wenn wir ihm unser Unvermögen nennen.* Er rechnet mit unseren körperlichen Schwachheiten, mit unserem beschränkten Können, mit unserem geringen Wissen und mit unseren kleinen Mitteln. Er macht uns aufmerksam, daß seine Kraft in Schwachheit vollbracht wird. Aber der Herr zürnt, wenn wir anfangen, bewußt ungehorsam zu werden. Lassen wir uns nicht lösen von dieser bitteren Wurzel, dann bleiben wir untauglich für den königlichen Dienst unseres Gottes.

Aber wie verbindet der Herr mit seinem heiligen Ernst seine Gnade und Freundlichkeit! „Weiß ich denn nicht, daß dein Bruder Aaron beredt ist? Siehe, er wird herausgehen dir entgegen, und wenn er dich sieht, wird er sich von Herzen freuen!" sprach der Herr zu Mose. War es ihm nicht genug, daß der Herr mit seinem Munde sein wollte, und glaubte er, ohne die Gabe, eine beredte Zunge zu haben, im Dienst nicht auskommen zu können, so sollte sie ihm in seinem Bruder gegeben sein. Aber noch mehr: Mose setzte Unglauben in den Herzen seiner Brüder voraus. Jedoch wie ganz anders sollte er es finden! Der erste, der ihm begegnen würde, sollte sich von Herzen freuen.

So liegen die größten Schwierigkeiten nie außer uns, sondern immer in uns. Ist Gott nur erst mit uns fertig, dann ist es ihm ein Geringes, auch mit den anderen Schwierigkeiten fertig zu werden.

Wie einst steht auch heute wieder der große Retter und Meister am Markt des Lebens! Er sucht Diener für sein Volk, Arbeiter für seinen Weinberg, Propheten für die Welt, Priesterseelen für die Mühseligen und Beladenen, Schwestern für die Kranken, Samariter für die Erschlagenen.

Nach solchen großen und kleinen Organen sehnt sich die Welt von heute. Man kann sagen: *es warten mehr, als wir zu ahnen wagen, auf jenen Augenblick, wo ihnen irgend jemand im Auftrag und in der Vollmacht Gottes dienen möchte.* Wer mehr hört als das äußere Stimmengewirr der Gegenwart, der vernimmt jenen Klageton einer seufzenden Menschheit nach Erlösung, jenes Seufzen der ganzen Schöpfung nach dem Freiwerden der wahren Söhne Gottes, das uns Paulus in so ergreifenden Worten im Römerbrief im achten Kapitel zu schildern weiß. Laßt uns daher nicht, wenn Gott ruft, mit Mose antworten: „Sende, Herr, wen du willst!" Je lauter Gott durch die Not unserer Zeit auch bei uns anklopfen und fragen läßt: „Wen soll ich senden? Wer will mein Bote sein?", desto bestimmter laßt uns mit Jesaja zu sprechen wagen: „Hier bin ich, sende auch mich!"

Wir können zwar nicht alle Volkspropheten wie Mose und nicht alle Gemeindeapostel wie Paulus werden. Auch weiß ich nicht, welcher Art der Dienst sein wird, den Gott in dein Leben wird hineinlegen wollen. Vielleicht wird es ein größerer, vielleicht ein kleinerer Dienst sein. Aber eins weiß ich: *daß jeder gottgewollte Dienst lösende Kräfte in sich trägt; denn sie tragen immer Göttliches ins menschliche Elend, immer Ewigkeitskräfte in die Armut der Menschheit hinein.* Wo aber die Ewigkeit wirkt, da entstehen Ewigkeitswerte, da erlebt der Mensch Erlösungskräfte, die ihn von der Schuld und Gebundenheit, von Trug und Vergänglichkeit lösen und ihn seine Quelle in Gott finden lassen. *Wo sich erst Apostel und Propheten regen, da wird die Geschichte wieder Gegenwart, und die in den ersten Pfingsttagen begonnene Apostelgeschichte findet eine gottgewollte neuzeitliche Fortsetzung.*

Die Dienstwege des Glaubens

Auch Mose ging. Zwar erst nach schweren Kämpfen, erst nachdem Gott alle Einwände entkräftet und ihm den Ernst seines Nichtgehenwollens vor die Seele geführt hatte. Denn wer sich bewußt Gott und dessen Aufträgen entzieht, kann nie mehr dauernd zur Ruhe kommen. Dauernder Widerspruch bringt dauernde Unruhe. Mose ließ sich überreden und dankte später Gott, daß er sich hatte überreden lassen.

Moses Weg war jedoch nicht leicht und nicht ohne Dornen. Es zeigte sich vielmehr, daß, wer sich hergibt,

Volksprophet und Volkshirte zu werden, auch mit den Leiden der Propheten rechnen muß. *Wer je wagte, seine Brüder aus jener alten Ordnung der Dinge, an denen sie einfach zugrunde gehen würden, herauszuführen, um sie auf einen neuen Boden des Heils und der Freiheit zu stellen, der weiß, wie solche Missionen ihre Träger immer wieder in unnennbare Konflikte mit der wankelmütigen Gesinnung der Brüder brachten.* Von Mose mußte berichtet werden, daß er der geplagteste Mann war, den es in ganz Israel gab. Selbst seine beiden Geschwister, Mirjam und Aaron, wagten eines Tages mit ihm zu zanken. Und traten Nöte und Entbehrungen auf dem Rettungswege ein, so machte die Volksstimmung Mose für alles verantwortlich, was an Schwerem auf dem Wege lag. Ja, gelegentlich wollte man ihn sogar steinigen. *Volksstimmungen waren von jeher auch im Reiche Gottes unberechenbar.*

Mose wußte sich jedoch von Gott gesandt und nicht vom Volk. Das machte ihn so fest in seinem Dienst, so klar in seinem Ziel, so stark in seinen Leiden. Er blieb unabhängig von der wankelmütigen Volksstimmung und orientierte sich am Herzen Gottes über die Dinge, die ihn umgaben und vor ihm lagen. So gestaltete sich sein Dienst zu einer hundertfältigen Frucht. Er war nicht vergeblich gegangen. *Gott hatte für sich in Mose einen Freund und für Israel den Propheten gefunden.*

Vergeblich dem Volke gedient?

> Und das Wort des Herrn geschah zu ihm, und er sprach zu ihm: „Was tust du hier, Elia?" Und er sprach: „Ich habe sehr geeifert für Jehova."
>
> 1. Kön. 19, 9. 10

Es hat wohl noch nie einen Diener und Propheten Gottes gegeben, der nicht gelegentlich unter dem tiefen Eindruck gestanden hätte, daß seine Mission vergeblich und sein Dienst fruchtlos geblieben sei. Auch der gewaltige Prophet Elia stand einst unter diesem Eindruck. Denn soweit sein Auge den geistigen Zustand seines Volkes überblicken konnte, mußte er sehen, daß er diesmal seinen Brüdern vergeblich gedient und für seinen Gott geeifert hatte.

Es hatte ihm nicht an Feuer und Mut gefehlt. Wie ein Fels im Meer hatte er mitten in den fleischlichen Strömungen seines Volkes dagestanden. Mit seltenem Mut hatte er die Interessen Gottes zu vertreten gewagt und seine Brüder vor eine Entscheidung gestellt. Aber der Mann, der gestern noch König und Volk aufzufordern wagte: „Was hinket ihr auf beiden Seiten? Ist Jehova Gott, so folgt ihm nach; ist aber Baal Gott, so folgt ihm!", den finden wir am nächsten Tage unter einem Ginsterstrauch in der Wüste und hören ihn klagen: „So nimm nun meine Seele, es ist genug!"

Eine dunkle Zeit

Wir werden aber den Propheten in seiner Niedergeschlagenheit etwas besser verstehen, wenn wir uns ver=

gegenwärtigen, in welch einer dunklen Zeit er wirkte. In seinen Tagen triumphierte das Fleisch über den Geist. Sowohl Ahab als auch Isebel waren ein gefügiges Werkzeug in der Hand des Fleisches geworden. Durch sie wurde jede wirklich geistliche Bewegung in Israel unterdrückt und beiseitegeschoben. Baal war Gott geworden in Israel. Die Priester Baals waren an Stelle der Priester Gottes getreten und beherrschten das Volk. Die wahren Knechte Gottes hatten im Lande alle ihre Rechte verloren und konnten nur noch in einem heimlichen Versteck am Leben erhalten bleiben.

Wer aus dem Volke wagte, dem Gelüste des Fleisches zu widerstehen, und treu zu dem Gesetz Gottes stand, der wurde, wie Naboth, durch List und Trug unschädlich gemacht. Kein Bürger war zu teuer, daß er nicht feil war, sobald es sich herausstellte, daß er sich um der Wahrheit Gottes willen nicht vor den Grundsätzen und der Macht des Fleisches beugen wollte. In allen, die geistlich gesinnt waren, sah man Feinde des Volkes und Feinde des Landes.

Als Elia sich eines Tages im Auftrag Jehovas Ahab zeigte, da empfing der König den Propheten Gottes mit den Worten: „Hast du mich gefunden, mein Feind?" Und ein anderes Mal begegnete der König dem Propheten mit dem schweren Vorwurf: „Bist du es, der Israel in Trübsal und Verwirrung bringt?"

Das ist aber bezeichnend für das Wesen des Fleisches, daß es die Schuld an der Trübsal und an den Gerichten immer bei anderen, aber nie bei sich selbst sucht. *Fleischliche Gesinnung kennt kein Schuldbewußtsein.* Und bis heute hat das Fleisch die Vertreter der göttlichen Wahrheit immer wieder damit belastet, daß sie alle Schuld an der vorhandenen Unordnung und den eintretenden Gerichten tragen. Es sieht nicht, daß es selbst die Quelle der Dürre und der Verwirrung in Israel ist.

Der Glaubenssieg auf dem Karmel

Aber auch für solche dunkle Zeiten hat Gott seine Propheten. Wo das Fleisch groß geworden ist, erzieht Gott sich Knechte des Geistes, die noch größer sind. Wenn alles geistliche Leben, aus Furcht vernichtet zu werden, sich vor der Macht des Fleisches zurückziehen muß, da bildet der Herr sich Charaktere aus, die den Mut haben, einem Ahab ins Gewissen und ins Leben zu schreiben: „*Du bist der Mann,* der Israel in Trübsal und Verwirrung bringt!" Während alles Volk sich beugt vor Baal, schreibt der Prophet Gottes auf seine Fahne: „So spricht Jehova, *vor dem ich stehe, und dem ich diene!*"

Einen solchen Mann stellte Gott in jene dunkle Zeit hinein und ließ ihn dienen als Leuchte der Wahrheit in der Mitte eines fleischlich gewordenen Gottesvolkes. Durch Elia führte der Herr das hinkende Israel samt seinen König vor die Entscheidung. Gott hat lange Geduld mit seinen verirrten Kindern. Aber endlich müssen sie sich doch entscheiden, ob sie Buße tun und ihm dienen oder in ihrer fleischlichen Gesinnung verharren wollen.

Als das ganze Volk, samt dem König und allen Baalspriestern, auf dem Berge Karmel versammelt war, trat Elia vor das Volk und sprach zu ihm: „Wie lange hinket ihr auf beiden Seiten? Wenn Jehova Gott ist, so wandelt ihm nach; ist aber Baal Gott, so wandelt doch ihm nach!" Alsdann machte er der ganzen Versammlung den Vor=

schlag, daß der Gott, der mit Feuer antworten werde, der wahre Gott sei. Und alles Volk antwortete: „Das Wort ist gut!"

Obgleich Elia 450 Baalspriestern und dem König mit seinem wankelmütigen Volke allein gegenüberstand, so war sein Herz doch voll Mut und Zuversicht, daß die Rechte Gottes siegen würde. Und der Herr enttäuschte seinen Knecht nicht. Als er nach dem Mißerfolg der Baalspriester auf das Gebet seines Propheten mit Feuer antwortete, da fiel das ganze Volk auf sein Angesicht und sprach: „Der Herr ist Gott, der Herr ist Gott!" Und durch dieses gewaltige Ereignis legte sich eine solche Gottesfurcht auf das ganze Volk, daß niemand wagte, seine Hand und seine Stimme wider den Propheten zu erheben, als dieser die Priester Baals am Bache Kison richtete. Kein Wunder, daß Elia erwartete, daß mit diesem wunderbaren Sieg das Morgenrot eines neuen Tages für sein Volk angebrochen sei! *Aber religiöse Volksbegeisterungen waren in der Geschichte nie bereits eine geistliche Volkserneuerung.*

Die schwere Enttäuschung

Wie kam alles doch so ganz anders! Nicht der Tag der Buße und Beugung brach an, sondern die Nacht der Verstockung und der Gerichte Gottes. Als Ahab heimkam und der Königin Isebel die Ereignisse des Tages mitgeteilt hatte, da kannte ihre Wut gegen den Propheten Gottes keine Grenzen. Sie beschloß, ihn zu töten.

Ihre Entscheidung wider die Wahrheit hatte die Königin längst getroffen. Auf sie machten auch so gewaltige

Ereignisse, wie sie auf dem Karmel geschehen waren, keinen Eindruck mehr. Sie bewirkten bei ihr nicht Beugung, sondern Auflehnung. Je mehr Gott heimsuchte, desto mehr reifte sie aus in ihrer Stellung wider Gott. Und das führt immer zur Verstockung und zum Gericht.

Als Elia den Beschluß und den Schwur der Königin hörte, war er tief enttäuscht. Nach dem wunderbaren Sieg auf dem Karmel war er mit nach Jesreel hinuntergegangen. Und womöglich hatte sein Herz die Freude erfüllt, ganz Israel zu Gott zurückgeführt zu haben. Aber hier begegnete er der ungebrochenen Macht des sich erhebenden Fleisches. In ihrem Haß und ihrer Empörung wider die Wahrheit hatte die Königin ihm den Tod geschworen, da er es gewagt hatte, das zu richten, was sie liebte.

Da machte sich Elia auf und ging fort um seines Lebens willen. Er kam in die Wüste, setzte sich unter einen Ginsterstrauch und bat den Herrn, daß seine Seele stürbe. „Es ist genug", sprach er zum Herrn, „nimm nun, Jehova, meine Seele!"

Der Herr aber verstand seine Knechte je und je auch in solchen Stunden, wo sie infolge solcher Enttäuschungen innerlich zusammenbrachen und den Mut zu weiterem Dienst verloren. Auch uns versteht er. Vielleicht haben wir einst einen Dienst mit großem Vertrauen in den Sieg Gottes aufgenommen. Wir legten unsere ganze Seele und unsere ganze Kraft in die Arbeit, die vor uns lag. Und Gott legitimierte uns wie den Elia auf dem Karmel. Und doch blieb jene sichtbare Frucht aus, nach der wir uns sehnten. Da waren auch wir bereit, uns aus dem uns gewordenen Prophetenberuf zurückzuziehen.

Mit Petrus kehrten wir zu den alten Fischernetzen zurück und wollten das Menschenfangen wieder eintauschen mit dem Netzeflicken. Es ist leichter, als Menschen zu gewinnen, und bringt uns nie in so schwere innere Konflikte und Enttäuschungen. Und weil der Herr uns in unserer Schwachheit versteht, daher richtet er uns nicht, sondern stärkt und erquickt seine müde gewordenen Knechte und rüstet sie aus für neue Aufträge.

Die Stärkung am Horeb

Auch seine müde gewordenen Knechte weiß der Herr zu finden und hat seinen Engel, der dem Elia einen Krug mit Wasser und einen gebackenen Kuchen zur Stärkung bringen muß. Als der Prophet von seinem Schlaf erwachte und diese Gottesgabe fand, da stand er auf, aß und trank und ging kraft dieser Speise vierzig Tage und vierzig Nächte bis an den Berg Horeb.

Hier am Berge wurde ihm eine wunderbare Begegnung mit dem Herrn selbst zuteil. Auf diesem verhüllten Wege, den er in den verflossenen Tagen geführt worden war, durfte er einen Segen finden, den er solange noch nicht empfangen hatte. Hier lernte er Gott verstehen wie nie zuvor. Gott ließ ihn hineinschauen in die geheime Werkstatt seines Geistes und erschloß ihm ein wunderbares Geheimnis. Er zeigte ihm die Art und das Wesen des göttlichen Wirkens. Wenn der Prophet auch am Ende seiner Macht und seiner Mittel angekommen war, so zeigte ihm hier der Herr, daß *er* noch nicht am Ende sei.

Als Elia nach dem Berge Horeb gekommen war, fragte ihn der Herr: „Was tust du hier, Elia?" Es ist schwer zu sagen, ob in dieser Frage mehr nur eine Verwunderung oder aber ein Vorwurf lag. Wollte der Herr vielleicht mit dieser Frage sagen: Elia, wußtest du nicht, daß ich dich decken konnte auch vor der drohenden Macht der Isebel? Hast du nicht erlebt, wie ich dich erhalten und bewahren konnte mitten in der Dürre? Was tust du nun hier? Hast du nicht Arbeit unter meinem Volke, und zwar gerade in diesen Tagen, wo es noch unter dem tiefen Eindruck des Erlebens auf dem Karmel steht?

Vielleicht wollte der Herr durch seine Frage dem Propheten dies nahelegen. Elia antwortete dem Herrn mit den Worten: „Ich habe sehr geeifert für Jehova, den Gott der Heerscharen; denn die Kinder Israel haben deinen Bund verlassen, deine Altäre niedergerissen und deine Propheten mit dem Schwert getötet; und ich allein bin übriggeblieben, und sie trachten danach, mir das Leben zu nehmen."

In dieser Klage lag der ganze Schmerz seiner Seele. All seine Arbeit war vergeblich und all sein Dienst fruchtlos geblieben. Er wußte, daß er treu gewesen war in seinem Dienst, daß sein Herz aus Liebe zu seinem Volke gebrannt hatte, daß er rein geblieben war in seinem Eifer für Gott. Und doch hatte es den Anschein, als ob alles umsonst gewesen sei.

Wer von den dienenden Knechten und Mägden Gottes hat das nicht schon gelegentlich miterfahren dürfen! Es gibt vielfach so dunkle Zeiten in der Welt und in der Mitte derer, die in der Gemeinde Gottes fleischlich geworden sind, daß es oft den Anschein hat, als ob der Geist des Herrn nie mehr mit seiner belebenden und reinigenden Kraft durchdringen wird. Und wenn dann in Stunden gnadenvoller Heimsuchung der Sieg der Gnade und das Heil des Volkes so nahe lagen wie auf dem Karmel, man hernach aber doch mit Schmerz wahrnehmen muß, daß dem Fleische wieder Raum gegeben und die Herrschaft eingeräumt worden ist, dann stehen auch Propheten Gottes in Gefahr, wie Elia, mutlos zu werden.

Als der Herr dem Propheten am Berge Horeb begegnete, redete er zu ihm zunächst durch einige wunderbare Naturerscheinungen. Während Elia in seiner Höhle wartete, fegte plötzlich ein gewaltiger Sturmwind vorüber — aber der Herr war nicht im Winde. Als der Wind vorüber war, kam ein mächtiges Erdbeben, so daß alles erschüttert wurde — aber der Herr war auch nicht im Erdbeben. Nach dem Erdbeben folgte ein großes Feuer — aber der Herr war auch nicht im Feuer. Danach folgte ein stilles, sanftes Sausen, und als Elia das wahrnahm, da verhüllte er sein Angesicht mit seinem Mantel und stellte sich in den Eingang der Höhle.

Diese Ereignisse hatten eine tiefe Bedeutung und ließen den Propheten das geheimnisvolle Wirken seines Gottes erkennen. Elia hatte sich heiß nach einer durchgreifenden Buße und Bekehrung seines Volkes gesehnt. In allen seinen Bemühungen war es seine Absicht gewesen, das fleischlich gewordene Gottesvolk zurück zu seinem Gott zu führen. Und offenbar hatte er geglaubt, daß dieser Segen nur durch gewaltige Erschütterungen herbeigeführt werden könne. Aber nun mußte er erkennen, daß der Segen Gottes nicht auf diesen Wegen liegt. Gott wirkt still und sanft und erzieht sich auch in den dunkelsten Zeiten einen Überrest von 7000, die ihre Knie vor Baal nicht gebeugt haben, und deren Mund ihn nicht geküßt hat.

Vielleicht haben auch wir uns öfter allein gefühlt wie ein Elia, haben gedacht, daß uns auch niemand verstehe und niemand zu finden sei, der dasselbe Sehnen der Seele in sich trüge — und wenn Gott uns dann erst den Blick öffnet für die verborgene Arbeit seines Geistes, da erkennen wir, daß es unter dem Gottesvolke Tausende gibt, in denen der Herr durch seinen Geist dasselbe Verlangen und dieselbe Frucht des Geistes wirken konnte, die er in uns wirkte. Und ist der Segen auch nicht auf dem Wege gekommen, den wir uns dachten, so sehen wir, daß Gott doch zu seinem Ziele kam, und zwar auf jenem Wege, den er sich vorbehalten hatte. Was der Sturm der Begeisterung und erschütternde Ereignisse und feurige Zungen nicht erreichen konnten, das konnte Gott durch die stille, verborgene Wirksamkeit seines Geistes bewirken. Ist unser Blick und unser Vertrauen erst gelöst von den Mitteln, die wir uns zur Erweckung und Neubelebung seines Volkes dachten, dann wird Gott uns die Augen öffnen für jene Mittel, durch die er wirken will und wirken kann. *Denn nicht durch Macht und nicht durch Kraft, sondern durch meinen Geist soll es geschehen,* lautete die Botschaft Gottes an Serubabel (Sach. 4, 6).

Nachdem der Herr dem Propheten dieses Geheimnis geoffenbart hatte, sandte er ihn mit göttlichen Aufträgen in die Arbeit zurück. In Damaskus sollte er Hasael zum König über Syrien salben und im nördlichen Zehnstämmereich Jehu zum König über Israel und Elisa zu seinem Nachfolger berufen. So hat Gott auch für uns noch Dienst. Stehen wir auch am Ende unserer Möglichkeiten, Gott hat noch große, herrliche, majestätische Pläne, die er trotz aller scheinbaren Niederlagen des Reiches Gottes dennoch verwirklichen wird. Und er will, daß wir mit dabei sein sollen, wenn er durch Gnade und Gericht die Welt segnen und einer neuen, kommenden Heilszeit entgegenführen will. *Denn wem erst die Zukunft Gottes gehört, der trägt wieder eine Zukunftsbotschaft für seine mut- und hoffnungslosen Brüder in sich und richtet den Blick der Wartenden auf das Kommende, das mit seinem Leben auch die Gerichte der Gegenwart überwinden wird.*

Der freiwillige Opferweg nach Golgatha

> Von da an begann Jesus seinen Jüngern zu zeigen, daß er müsse nach Jerusalem gehen und viel leiden ... Da nahm ihn Petrus beiseite, fing an, ihm abzuwehren, und sprach: „Herr, schone deiner selbst! Das widerfahre dir nur nicht!"
>
> Matth. 16, 21. 22

Jesu unverstandener Messiasdienst

Das hatten die Jünger längst gemerkt, daß Jesu Weg kein leichter war. *Denn Prophetenwege sind immer einsame Wege.* Hing auch das Volk an seinen Lippen, atmeten auch die Mühseligen und Beladenen auf unter seiner Botschaft, im Herzen des obersten Volksrates hatte man nur Verachtung gegen den Sohn der Maria von Nazareth.

Jesus war zu wenig ein Mann der Frömmigkeit jener Tage. Er entsprach zu wenig den Wünschen der damals herrschenden Geistesrichtung. Lehrten die Hüter des Gesetzes doch: wenn das Volk auch nur zwei Sabbattage recht hielte, dann müßte das Reich Gottes kommen. Jesus jedoch erklärte, daß des Menschen Sohn nicht berufen sei, ein Knecht des Sabbats zu sein. Er band das Sehnen und das erwachte Gewissen des Volkes nicht an solch alte Traditionen, sondern riß jene Zäune ein, die falsche Frömmigkeit im Lauf der Jahrhunderte zwischen Gott und Volk aufgerichtet hatte.

Das Reich Gottes, in dem er lebte, und das er dem Volke zu bringen hatte, trug einen anderen Charakter. Es sollte nicht, wie die jüdische Überlieferung, knechten, sondern frei machen; nicht entmutigen, sondern heben; nicht binden, sondern lösen. Wurde das wartende Volk in seiner Heilshoffnung durch die Überlieferung immer wieder auf das geführt, *was der Mensch Gott zu bringen hat,* so wollte Jesus durch seine Frohe Botschaft den Mühseligen und Beladenen, den Zöllnern und Sündern zunächst einmal zeigen, *was Gott dem Menschen zu geben hat.* Denn Jesus wußte, daß erst da im Menschen das Reich Gottes beginnen kann, wo sich dem Menschen die Lebenskräfte des Reiches Gottes zuvor haben mitteilen können.

Solch eine Jesusmission hat jedoch nie einer gesetzlichen und erstorbenen Orthodoxie gefallen. Diese legte noch immer den Schwerpunkt des Reiches Gottes *in die Leistung des Menschen für Gott und nicht in das Wirken Gottes im Menschen.* Sie selbst lebt nur von der Pflege äußerlicher Handlungen, gesetzlicher Bestimmungen, geschichtlich gewordener Einrichtungen und sieht in allen Abweichungen nur eine Erschütterung des Gottesreiches. Da sie zwar noch die Formen einstmaligen Lebens hütet, den Geist des Lebens jedoch verloren hat, erweist sie sich unfähig, *den neuen Wein in neue Schläuche, das er=*

wachende Leben des kommenden Gottesreiches in neue Formen zu fassen.

Daß Jesus also von den Pharisäern und Schriftgelehrten nicht verstanden wurde, das wußten die Jünger. Denn wie völlig neu war das Leben, das Jesus durch seinen Geist, seine Liebe, seine Sprache und seine Handlungen in das damalige Leben des jüdischen Volkes trug! Jedoch wie wenig hatte diese Feindschaft der Pharisäer und Schriftgelehrten für den Anbruch und das Kommen des Reiches Gottes zu bedeuten, wenn nur das Volk wirklich in Jesus seinen Messias sah! Und die Scharen wurden in der Tat immer größer, die sich in ihrer Not und ihrer Sehnsucht an den Propheten von Nazareth wandten. Mit der wachsenden Volksbegeisterung wuchs daher auch die Zuversicht der Jünger über den siegreichen Anbruch und Ausgang des Reiches Gottes.

Wir können es uns kaum vorstellen, wie es auf sie gewirkt haben muß, als Jesus trotz alledem nun doch eines Tages erklärte, daß er gen Jerusalem gehen müsse, und daß er daselbst von den Ältesten, Hohenpriestern und Schriftgelehrten würde viel leiden müssen, ja, daß man ihn töten würde und er dann am dritten Tage auferstehen werde.

Sollte ein neuer Leidensweg die Fortsetzung und der Ausgang von dem herrlichen Anbruch des Reiches Gottes sein, den sie in den verflossenen Wochen und Monaten erlebt hatten? Das war undenkbar! Als Petrus das hörte, nahm er Jesus beiseite und sprach zu ihm: „Gott sei dir gnädig! Niemals darf dir das widerfahren!" Und offenbar dachten alle Jünger so. Petrus hatte nur geäußert, was auch alle anderen Jünger empfanden. Das von Jesus Gesagte widersprach ja ganz den Erwartungen und der Idee, die sie vom Kommen des Reiches Gottes gewonnen hatten.

Hatte doch das Reich Gottes eben erst angefangen, in Herrlichkeit zu erscheinen. Wie hatten sie sich gefreut, wenn Lahme gingen, wenn Blinde sahen, wenn mit wenigen Broten Tausende gesättigt wurden, wenn das Volk; innerlich überwältigt von der Kraft der Worte ihres Meisters, bezeugte: „Der redet ja als ein Berufener und nicht wie die Schriftgelehrten!"

Wir können es begreifen, wenn unter all diesen Erlebnissen die Jünger voll Anbetung waren ob all der großen Taten Gottes, die in ihren Tagen geschahen. Jetzt hieß es vom Reiche Gottes nicht nur: *es wird kommen, sondern es ist gekommen!* Denn die Lahmen gehen, die Aussätzigen werden rein, die Toten stehen auf, die Gebundenen werden frei, und die Armen ahnen den Tag ihrer Erlösung. Endlich war das so langersehnte und so heißerflehte Reich Gottes auf Erden erschienen, der Anbruch der messianischen Heilszeit in der Mitte des Volkes wurde sichtbar. Diese, Jahrhunderte vorher von den Propheten angekündigt, hatte angefangen, Erfüllung zu werden.

Der Einspruch der Petrusgesinnung

Kein Wunder, daß die Jünger die unbedingte Fortsetzung von dem erwarteten, was soeben begonnen hatte! War der Anbruch so herrlich und überwältigend, wie wird erst die volle Reife, die Vollendung sein! Und nun sprach Jesus plötzlich von seiner Verwerfung, seinem

Tod und Weggehen. Sollte das so herrlich begonnene Jesuswerk mit solch einer öffentlichen Niederlage enden? Feinde sollen aufs neue das angebrochene Reich Gottes beherrschen, den Messias ans Kreuz schlagen, der erschienene Davidsohn soll sterben?

Hat nicht vielmehr der Mund des Propheten Jesaja verheißen, daß die Herrschaft auf seiner Schulter liegen, und daß sein Reich des Friedens kein Ende haben würde? Hätten *wir* das verstanden, wäre es *uns* klar gewesen, daß das, was Jesus von seinem Leidenswege sagte, die Fortsetzung sein sollte von jenem Reiche Gottes, von dem die Propheten mit so brennendem und verlangendem Herzen gesprochen hatten? Ich bin gewiß: auch wir hätten mit Petrus geantwortet: „Nimmermehr darf dir das geschehen!"

Und doch sprach nicht göttliche, sondern menschliche Gesinnung in Petrus. Sich von ihm wendend, sprach Jesus zu ihm: „Hebe dich hinter mich, Satan! Ein Skandalon, ein Anstoß bist du mir! Denn du sinnst nicht aufs Göttliche, sondern aufs Menschliche, urteilst nicht nach Gottes, sondern nach Menschen Art!"

Ein hartes Wort des Meisters gegen einen seiner begeistertsten Jünger! Und doch bezeichnet es treffend die augenblickliche Stellung des Petrus. *Auch menschliche Art vermag für Jesus zu eifern, sie wird dadurch aber nie angenehm vor Gott.* Auch in seinem Eifer für Gott bleibt Fleisch nur Fleisch und ist in seinem Wesen Feindschaft wider Gott.

Jesus wußte, daß allein auf diesem Leidenswege das Heil der Welt und die Zukunft des Reiches Gottes liege, und daß auch das Kreuz nur ein Durchgangspunkt sei zu einem höheren Leben des Dienstes und der Kraft. Daher war er bereit, den Weg des Kreuzes zu gehen. Er wußte, daß hinter der Karfreitagsnacht der Ostermorgen glänzt, daß Auferstehungsleben hinter dem Tode liegt. Sein Gehen wird nicht ein Verlust, sondern ein unberechenbarer Gewinn fürs Reich Gottes der Zukunft sein. Daher war er bereit, *Augenblickliches aufzugeben, um Unvergängliches für sich und die Welt zu gewinnen.*

Wir wissen jetzt, daß weder die Apostel, noch die Gemeinde Gottes, noch die ganze Welt etwas dadurch verloren hat, daß Jesus ging. Sein Lammesweg war für alle Gewinn. Das Weizenkorn, das freiwillig zu sterben bereit war, ist zu einer unberechenbaren Frucht geworden. Der Messias Israels wurde zum Heiland der Welt, der Prophet von Nazareth zum Hohenpriester in Ewigkeit nach der Ordnung Melchisedeks.

Der Segen freiwilliger Opferwege

Jedoch, das wissen wir alles. Ahnen wir aber auch, wie nahe für uns diese Wahrheiten liegen, wie sie aufs engste auch mit unserem geistlichen Werden und Wachsen verbunden sind? Auch für uns liegt Ewigkeitsleben, Reichgotteszukunft nur auf dem Lammeswege. *Der Lammesweg ist aber der Weg freiwilliger Leiden und bewußter Hingabe an Gott.*

Jesus war äußerlich nicht gezwungen, diesen Weg zu gehen. Vor ihm lag die Wahl zwischen begeisterter Anerkennung und allgemeiner Verwerfung. Nur ein Kompromiß mit der überlieferten Messiashoffnung, nur ein Anschluß an die kultische Frömmigkeit der herrschenden

Geistesrichtung, nur eine gesetzliche Absonderung von dem unwissenden und unreinen Volk — und Jesus wäre der gepriesene Führer der Volks- und Gesetzesfrömmigkeit jener Tage geworden.

Dann hätte aber Israel seinen Propheten und die Welt ihren Erlöser verloren. Jesus wäre nie der Anbruch einer neuen Menschheit, nie der zweite Adam eines geistlichen Geschlechts geworden. *Er hätte Gegenwärtiges gewonnen, aber Ewigkeiten verloren.* Nie wäre durch ihn der Menschheit Schuld getragen worden. Nie hätten Suchende in ihm den Weg zum Vater gefunden. Nie wäre durch ihn die Welt aus kultischer Frömmigkeit und erdrückender Gesetzlichkeit zur Gemeinschaft mit Gott und zur Anbetung im Geist und in der Wahrheit geführt worden.

Denn so baut der Mensch das Reich Gottes, so sinnt der Mensch auf Ewiges. Jesus aber war gekommen, uns von der Menschen Art zu lösen und auf den Weg der göttlichen Gesinnung zu bringen. Diese aber geht immer den Weg der Selbstaufopferung und der Hingabe. Denn das ganze Leben Gottes ist ein Selbstopfer. Was der Welt je an Offenbarung, an Segnungen, an Heilsmitteilungen von Gott wurde, geschah auf dem Wege der Selbstmitteilung Gottes. Sein Wort wurde immer wieder Fleisch, um vom Menschen im Fleisch verstanden zu werden. *Denn göttliche Gesinnung kann ihr eigenes Leben verlieren, damit andere höheres Leben gewinnen.* Sie kann arm werden, damit sich anderen der ganze Reichtum des göttlichen Lebens erschließe. Sie ist bereit, ein Opfer zu werden, an dem alle Tiefen der Sünde sich austoben können, damit sie, ans Licht gekommen, ihr Gericht empfangen.

Für diese göttliche Art entschloß sich Jesus. Nicht weil er dazu gezwungen wurde, sondern weil er sich freiwillig für diesen Lammesweg entschied. Er behandelte weder sein Leben noch seine Vollmachten als einen Raub, den er zu hüten hätte. Er wußte vielmehr, daß alles vom Vater Empfangene für die Welt Erlösung und Leben wer=den soll; daß, wenn das Weizenkorn nicht in die Erde fällt und erstirbt, es allein bleibt. Dieses Sterben lag für ihn aber auf dem Wege nach Golgatha. Daher wies er auch seinen Jünger mit so harten Worten zurück, als dieser ihm zum Versucher wurde. Ein Skandalon, ein Anstoß war Petrus mit seinen Worten dem Herrn, über die Jesus in seinem Entschluß zu Fall kommen sollte. Das war menschlich.

Wer sich nicht selbst aufzugeben vermag, wird nie der Welt ewige Werte zu vermitteln haben. Alle göttlichen Wahrheiten, alle geistlichen Segnungen, die später zu einer Licht= und Heilsquelle für die Menschheit wurden, sind zunächst von jenen gefunden worden, die bereit waren, diesen Jesusweg zu gehen. Das, was sie ersehn=ten, was sie innerlich schauten, was sich ihnen in der Zukunft erschloß, was ihnen Leben war und Ewigkeits=wert hatte, was sie kommen sahen — das entsprach alles so wenig der herrschenden Frömmigkeit ihrer Zeit, wich so wesentlich ab von dem Überlieferten, schien so in Widerspruch zu stehen mit der prophetischen Gottes=offenbarung, daß man nach dem Gesetz nie darauf ein=gehen konnte. Das machte den Weg aller Gottesboten zu allen Zeiten so einsam. Das trug ihnen die Leiden des Christus ein. Das machte sie vielfach zum Opfer, an dem sich frommer Fanatismus und Gesetzeshärte austobten.

So wurde ihnen Gelegenheit gegeben, das Kreuz ihres Meisters auf sich zu nehmen und mit ihm den Weg des Geopfertwerdens zu gehen. *Aber ihre Verwerfung wurde Leben für andere, ihre gekreuzigte Wahrheit jenes erlösende Licht, durch das die Zukunft gesegnet wurde.* Wahrheiten, die man einst in den Tagen der Macht gerichtet hatte, begann man später in Zeiten der Not zu suchen. Man fand in ihnen jene Erlösung, die von dem Bann der Vergangenheit löste. Ja, man pries eines Tages jene selig, die einst die Geburtswehen dieser Wahrheiten getragen, freiwillig ihre Leiden auf sich genommen hatten.

Denn in ihnen lag das Heil und das Leben der späteren Generationen. Sie waren die einsamen Propheten der Vergangenheit gewesen, für die ihre Zeitgenossen nur ein Kreuz hatten. Aber ihr Licht erwies sich später als jener Quell, aus dem eine zusammengebrochene Welt neue Kraft und neue Perspektiven für die Zukunft empfing.

Von welcher Seite auch immer die Versuchung an uns herantritt und mit Petrus spricht: nimmermehr darf dir das widerfahren! — laßt uns nicht den Weg nach Menschenart, sondern den Weg Gottes erwählen! *Wer mit Ewigem seine Brüder und die Welt segnen will, muß wissen, daß bleibende Reichsgotteswerte nur auf freiwilligen Kreuzes- und Opferwegen der Zukunft übermittelt werden können.* Organisches Leben wird immer unter Schmerzen geboren. Nur das erstorbene Weizenkorn bringt vielfältige Frucht.

Geheimnisse des Himmelreichs

> ... entäußerte sich selbst und nahm Knechtsgestalt an, ward gleich wie ein anderer Mensch und an Gebärden wie ein Mensch erfunden; er erniedrigte sich selbst und ward gehorsam bis zum Tode, ja bis zum Tode am Kreuz. Darum hat ihn auch Gott erhöht und hat ihm einen Namen gegeben, der über alle Namen ist. Phil. 2, 7—9

So wurde Jesus geführt. Seitdem wird diesen Lammesweg jede einzelne Wahrheit und auch die Gemeinde Gottes geführt. Denn noch immer war die Geschichte des Hauptes auch die Geschichte der Glieder.

Die Auserwählten Gottes können auf keinem anderen Wege vollendet werden und für ihre künftigen Dienste ausreifen als allein auf dem Wege ihres königlichen Hauptes. Leben aus Gott und der Weg des Kreuzes waren daher immer aufs engste miteinander verbunden.

Diesen Lammesweg beschreibt hier der Apostel und nennt uns drei Geheimnisse, die mit ihm verbunden sind: Krippe, Kreuz und Krone. Denn der Leidensweg Jesu ging weit über die Grenzen Golgathas hinaus. Er nahm seinen sichtbaren Anfang in der Krippe und führte über das Kreuz hinauf zum Thron.

Denn alles göttliche Leben auf Erden

beginnt in der Krippe,
unterliegt am Kreuz
und führt zur Krone.

Wer bereit ist, sein Leben zu verlieren, wird ewiges Leben auf diesem Wege wiederfinden. Wer im Glaubensgehorsam Schritt halten lernt mit dem Meister, der wird erleben dürfen, welche Auferstehungskräfte und königlichen Dienste mit jedem freiwilligen Leidensweg verbunden sind.

Das Geheimnis der Krippe

Die Krippe ist das Bild der Menschlichkeit, der Niedrigkeit, der Ohnmacht, der Selbstentäußerung. In diese stieg Jesus. Jesu Geschichte beginnt in der Krippe. Er entäußerte sich selbst und nahm Knechtsgestalt an, ward gleich wie ein anderer Mensch und an Gebärden wie ein Mensch erfunden. Wer konnte ahnen, daß der, den alle Himmel nicht fassen können, Raum in einer Krippe habe? Wer konnte ahnen, daß das größte weltgeschichtliche Ereignis, die Welterlösung, in der Krippe ihren geschichtlichen Anfang nehmen würde?

Wohl warteten die Gläubigen in Israel auf den neuen Durchbruch des Reiches Gottes auf Erden, auf das Kommen des Gesalbten für den leeren Thron Davids, auf die so sehnsüchtig erwartete Erquickungszeit vom Angesicht des Herrn. Wohl schaute man da und dort, auch unter den Nationen, aus nach dem aufgehenden Stern aus dem Hause Israel, nach dem Manne der Gerechtigkeit, unter dessen Zepter auch die seufzenden Nationen Heil und Rettung finden würden. Aber niemand ahnte und niemand erwartete den Anbruch dieser neuen Heilszeit in der Krippe. *Wohl in Jerusalem, aber nicht im Stalle zu Bethlehem suchten die Weisen aus dem Morgenlande den neugeborenen König der Juden, dessen Stern sie gesehen hatten.* In ihrem Suchen spiegelte sich das Suchen der ganzen alten Welt wider. Es ist bezeichnend auch für unser Suchen.

Nur eine kleine Schar unter dem Volke Gottes sah in dem Kindlein von Bethlehem den Eingeborenen des Vaters voller Gnade und Wahrheit. Und auch diese kleine Schar hätte den Heiland der Welt und Messias Israels nie in der Krippe gesucht, wenn sie nicht durch das Licht von oben aufmerksam gemacht worden wäre, was in Bethlehem geschehen sei. Auch ihr wäre die große göttliche Tat, *Gott geoffenbart im Fleisch*, ein Geheimnis geblieben, wenn es ihr nicht zur rechten Stunde vom Herrn enthüllt worden wäre.

Aber während die Welt nichts ahnte von dem großen Ereignis, das in Bethlehem geschah, und schweigend an ihrem Retter vorüberging, schaute diese kleine, gläubige und vom Herrn erleuchtete Schar bereits den Heiland der Welt, den Messias Israels, den König der Ehren, und betete ihn an als den, der gekommen war, die Welt zu erlösen von ihren Sünden.

Und selig jene kleine Schar, die auch in unseren Tagen von Gott erleuchtete Augen hat und mitten in den Ereignissen der Zeit *das große Werden und Wachsen des Reiches Gottes sieht, das immer als Kind erscheint, am Kreuze gerichtet wird und doch berufen ist, zum Heil der Welt die Krone zu tragen!* Denn noch immer beginnt die Fleischwerdung des Reiches Gottes in der Krippe und nicht auf Thronen und Kathedern. Jeder Anfang des Reiches Gottes erscheint in Knechtsgestalt und nicht in königlicher Macht und menschlicher Weisheit. Es ist zunächst umgeben von menschlicher Schwachheit und Armut und abhängig von der Liebe und Pflege derer, denen zu dienen es gekommen ist.

Wer ahnte im Mittelalter, daß die große, von vielen

herbeigesehnte Reformation in einer Klosterzelle beginnen werde? Daß durch den einfachen Mönch Martin Luther die römische Hierarchie und Orthodoxie in ihrer Macht gebrochen werden würde, und zwar durch das einfache Glaubenszeugnis, das er auf die Fahne seines Lebens und Dienstes zu schreiben wagte: Allein durch den Glauben!? Wer ahnte, daß der Mann, den man in England zwölf Jahre ins Gefängnis gesetzt hatte, in dieser seiner Schmach und Niedrigkeit jene „Pilgerreise" schreiben würde, die heute noch nächst der Bibel das gelesenste Buch der Welt ist und für Unzählige zu einem Führer zum ewigen Leben werden durfte?

Wer sah denn beim Beginn der gegenwärtigen Gemeinschaftsbewegung, als sie in den Scheunen der Bauern und in den Kellern und Privatwohnungen der Großstädte ihre erste Heimstätte fand, bereits die Herrlichkeit Gottes, die in dieser Niedrigkeit zu zelten begann? Manche von denen, die im Glauben eine neue Lebensreformation für Kirche und Volk erflehten, erwarteten den Anbruch der ersehnten Erweckungs- und Heiligungsbewegung nicht in dieser Niedrigkeit und Knechtsgestalt.

Wer ahnte vor 25 bis 30 Jahren, als die einfachen Bauernbrüder, ein Raboschapka, ein Iwanow und manche andere, durch die weiten Steppen Rußlands zogen, von Ort zu Ort, von Dorf zu Dorf, von Stadt zu Stadt, an den Beinen gestiefelt, den Stab in der Hand und das Evangelium unter dem Arm und im Herzen, daß deren Dienst der Anfang sein sollte jener großen evangelischen Stundistenbewegung, die heute weiteste Teile Rußlands erfaßt hat? Denn es gibt heute wohl nur wenige Ortschaften in Rußland, wo man nicht etwas von dieser von

Gott getragenen Bewegung weiß, die offenbar die größte der Missionsgeschichte der letzten Jahrhunderte ist.

So ist göttliches Leben noch immer als Kind in der Krippe geboren worden und hat als Knecht gedient, bis es von der herrschenden Macht ans Kreuz geschlagen wurde. Lassen wir uns daher nicht irremachen, wenn wir auch heute die Anfänge neuer Segenszeiten fürs Reich Gottes in der Krippe liegen und mit Schwachheit und Armut umgeben sehen!

Große Segensströme haben alle klein begonnen. Sie hatten ihre Geburtsstätte in einer kleinen, einsamen Quelle. Sie waren mit viel Schwachheit umgeben und offenbarten viel Menschliches in ihrem Werden. Selbst alle großen Männer haben ihre Krippe gehabt, in die sie freiwillig hinabstiegen, aus Liebe zu den Brüdern. *Denn wer Menschen dienen will, muß ihnen zuvor zum Menschen werden.* Wer nicht, wie Paulus, den Juden ein Jude und den Griechen ein Grieche sein kann, ohne in die Selbstgerechtigkeit der Juden zu verfallen und von der Weisheit der Griechen sich berauschen zu lassen, der wird nie jenen Prophetendienst finden, zu dem die Krippe führt.

Wer aber auf den Standpunkt des Nächsten treten kann, ohne in die Sünden des Nächsten zu verfallen, und tragen lernt des Nächsten Schwachheit und teilen lernt des Nächsten Not, der wird auf diesem Lammeswege jenen köstlichen Samariterdienst finden, durch den die Wunden dieser Welt verbunden werden. Solche Jünger und Jüngerinnen erstatten an ihrem Fleisch, was noch mangelt an Trübsalen in Christo; denn ihr Dienst ist von dem Opfergeist ihres Meisters durchtränkt.

„Das Evangelium vom zerbrochenen Herzen erfordert den Dienst blutender Herzen", schreibt Pastor J. G. Howett. „Sobald wir aufhören zu bluten, hören wir auf zu segnen. Wenn unser Mitgefühl seinen Schmerz verliert, so können wir nicht länger die Diener des Leidens sein... Wir können niemals die Nöte heilen, die wir nicht fühlen. Tränenlose Herzen können niemals Herolde der Passion sein. Wir müssen bluten, wenn wir Diener des Erlösungsblutes sein wollen."

Die Krippe: die freiwillige Selbstentäußerung, um anderen zu einem Propheten und Knecht Gottes zu werden — das ist das erste Geheimnis des Königreichs der Himmel.

Das Geheimnis des Kreuzes

Das Kreuz ist das Sinnbild des Fluches, der Schande, des Gerichts und des Todes. Und Jesus ward gehorsam bis zum Tode, ja bis zum Tode am Kreuz.

Das Kind in der Krippe nahm zu an Gnade und Weisheit und wurde mit dreißig Jahren jener Mann, in dem man den großen Propheten von Nazareth sah. Wenn er seinen Mund öffnete, wurde die Menge bewegt; denn er lehrte als einer, der Vollmacht hatte, und nicht wie die Schriftgelehrten. Wenn er der Not begegnete, stand er ihr mit Vollmacht von oben gegenüber. Er gebot Wind und Wellen, und sie legten sich. Er ging durch die Hallen Bethesdas und fragte: „Willst du gesund werden?", und der Mann, der 38 Jahre krank gelegen hatte, durfte sein Bett nehmen und geheilt nach Hause gehen. All ihre Habe hatte das blutflüssige Weib den Ärzten gegeben und doch keine Heilung gefunden. Da nahte sie sich im

Glauben dem großen Arzt ihres Volkes und berührte den Saum seines Kleides, und sie fühlte, daß eine Kraft von ihm ausging, durch die sie gesund wurde.

So lebte und wandelte Jesus als Prophet und Arzt, von Gott gesandt und gesalbt, unter seinem Volk und liebte und diente. *Er sah das Volk und sah die Not.* Sein Herz freute sich, wenn er mit den Fröhlichen fröhlich sein konnte und mit den Weinenden weinen durfte.

Und doch endete sein Dienst am Kreuz. Eines Tages sieht man den großen Propheten von Nazareth, schweigend wie ein Lamm, zur Richtstätte schreiten. Während die Menge höhnt, spottet, schreit: „Kreuzige, kreuzige ihn!", sind es nur wenige, die mit ihm schweigen und weinen. Er erscheint auf dem Richtplatz, und hier krönt die Welt ihren Retter mit einem Dornenkranz und schmückt ihn mit einem Purpurmantel. *Das war die Antwort der Welt auf den Dienst seiner Liebe!*

Wie war es nur dazu gekommen, daß man den Herrn der Herrlichkeit ans Kreuz schlug und der Mund des großen Propheten von Nazareth am Fluchholz verstummen mußte? Die Armen, die Kranken, die Gebeugten und Betrübten, die Lahmen und Blinden, die Zöllner und Sünder hatten ihn verstanden. Aber nicht die Reichen, nicht die Satten, nicht die Schriftgelehrten, nicht die Selbstgerechten. Die verstanden ihn nicht. Und sie überlieferten ihn dem Tode. *Bis heute ist alles göttliche Leben immer wieder von denen gekreuzigt worden, die Anspruch erhoben, in ihrer Frömmigkeit das Königreich der Himmel zu besitzen.*

Denn von jeher ist das Kreuz die letzte Waffe des frommen Fleisches und der Welt wider die Wahrheit gewesen. Man antwortete mit dem Kreuz, sobald man das Licht der Wahrheit nicht mehr ertragen konnte. Man kreuzigte Engel und behauptete, Teufel gehängt zu haben. Vor der Öffentlichkeit trug man den Schein der Gottseligkeit und gab vor, die Retterin der Wahrheit zu sein, während man die Richterin der Wahrheit wurde. Noch nie ist ein Heiliger gerichtet worden, wo nicht die öffentliche Meinung unter der Überzeugung gestanden hätte, es gelte, einen Verführer unschädlich zu machen, damit nicht durch ihn das ganze Volk verderbe.

Denn noch immer ist von oben die Wahrheit als Sektiererin und als Volksaufwieglerin ans Kreuz geschlagen worden. Von Abel an, der um der Anbetung willen am Altar durch die Keule seines Bruders fiel, bis in unsere Tage hinein, wo irgend jemand um Jesu willen verkannt wird, Spott und Verachtung zu ertragen hat, haben die Auserwählten Gottes diese Schmach und Schande in feinerer oder gröberer Form tragen müssen. Ob es sich um einen Joseph oder einen Jeremia, um einen Daniel oder einen Johannes den Täufer, um einen Stephanus oder um den Böhmen Hus, um einen Luther oder um einen Zwingli, um einen Petrus Waldus oder um einen Menno, um die Hugenotten von Frankreich oder um die Puritaner von Schottland, um die württembergischen Pietisten oder um die Mährischen Brüder, um die Baptisten oder die Methodisten, um die deutsche Gemeinschaftsbewegung oder die russische Stundistenbewegung handelte — insoweit sie Träger des Lichts und Propheten Gottes waren, die mit brennendem Herzen und gesalbten Lippen die großen Taten Gottes verkündigten —, sie haben alle das Kreuz kennengelernt, mit dem eine tote Orthodoxie und die Welt auf ihr Zeugnis der Wahrheit und ihren Dienst der Liebe antworteten. *Tote Orthodoxie konnte die treuesten Knechte Gottes sehr billig verkaufen, und christliche Staaten konnten ihre frömmsten und ergebensten Untertanen um der Wahrheit Gottes willen in ihre Kerker stecken, zum Scheiterhaufen führen, ihnen Gut und Heimat nehmen und sie wie gemeine Verbrecher in die einsamen Verbannungsorte Sibiriens und der persischen Grenze senden.*

Sooft die göttliche Wahrheit in Knechtsgestalt auf Erden zeltete, ist sie immer diesen großen Leidensweg des Lammes geführt worden. Und hatte man in Israel die Krippe nicht verstanden, noch viel weniger verstand man das Kreuz. Auch die kleine Schar, die in Liebe an ihrem Meister hing und trotz aller Feindschaft nicht irre geworden war an ihm, konnte ihn in diesem seinem Gehorsam bis zum Tode am Kreuz nicht verstehen. Wenn auch ihre Liebe nicht gelitten hatte, ihr Glaube jedoch sah keinen Ausweg mehr; sie meinten, mit seinem Tode alles verloren zu haben.

Erst als ihnen auf diesem Lammeswege das Geheimnis des Kreuzes erschlossen wurde, verstanden sie, warum Christus leiden und zur Herrlichkeit eingehen mußte. Nun erkannten sie, *daß das Kreuz ihnen weder den Segen, noch den Dienst, noch die Freude hatte nehmen können*, sondern sie ihnen erst recht erschlossen hatte. So stand zum Beispiel Maria am Ostermorgen vor der offenen Grabesgruft und suchte den Gekreuzigten. Sie glaubte, daß sie durchs Kreuz alles verloren hätte, und wollte ihre Tränen stillen zu den Füßen des verstorbenen Meisters. Aber neben ihr stand der Auferstandene. Sie aber wußte nicht, daß es Jesus sei. Als Jesus sie dann fragte: „Weib, was weinest du, wen suchest du?", meinte sie, es sei der Gärtner, und fragte ihn: „Herr, hast du ihn weggenommen, so sage mir, wohin du ihn getragen hast!" Da sprach Jesus zu ihr: „Maria!"

Da erkannte sie ihn, fiel anbetend vor ihm nieder und wurde zur Botin des Auferstandenen für ihre Brüder. Nun begriff sie das tiefe Geheimnis, *daß durchs Kreuz ihr nur der erniedrigte Christus von der Welt genommen worden sei, daß sie den auferstandenen Christus aber auf diesem Wege wiederfinden durfte.*

Die Welt in ihrer Macht glaubt, durch das Kreuz den Dienst der Wahrheit aufheben oder einschränken zu können. Daher verkauft sie den Joseph nach Ägypten, verklagt sie den Daniel beim Hof, wirft sie nach dem David mit ihrem Speer, speist sie einen Jeremia mit Wasser und Tränenbrot, errichtet sie dem Mardochai einen Galgen, verbrennt sie einen Hus auf dem Scheiterhaufen, bereitet sie den Hugenotten eine Bluthochzeit und verschickt sie ihre Bürger nach Sibirien und Sachalin.

Allein auf diesen Leidenswegen ist den Auserwählten weder der Dienst noch der Einfluß genommen worden. Sie sind vielmehr durch diese ausgelöst worden für weitere und höhere Dienste. *Durch Sterben wurden sie unsterblich, sie siegten durch Unterliegen: das ist das zweite Geheimnis des Königreichs der Himmel.*

Das Geheimnis der Krone

Der Lammesweg geht weit über die Grenzen Golgathas hinaus. Er beginnt in der Krippe und führt zum

Thron. *Die Vollmachten des Fleisches enden mit dem Kreuz; aber die Auferstehungskräfte des göttlichen Lebens beginnen erst mit dem Kreuz.*

„Darum hat ihn auch Gott noch weit mehr erhöht und ihm den Namen geschenkt, der über alle Namen ist, auf daß in dem Namen Jesu sich beugen sollen alle Knie derer, die im Himmel und auf Erden und unter der Erde sind, und alle Zungen bekennen sollen, daß Jesus Christus der Herr sei, zur Ehre Gottes, des Vaters."

Der, den der Mensch verwarf, wurde von Gott auferweckt und erhöht zur Rechten der Majestät in der Höhe. Am dritten Tage stand Jesus auf, triumphierend auch über die Gewalten des Todes. Er durchschritt mit seinem Opferblut die Himmel und wurde von Gott begrüßt als ewiger Hoherpriester nach der Ordnung Melchisedeks. So wurde Christus durchs Kreuz ausgelöst für jene Dienste, die mit der Krone verbunden waren. Hinfort ward alle Gewalt im Himmel, auf Erden und unter der Erde in die Hand des Lammes gelegt. *Und in den zukünftigen Zeitaltern wird nicht das Fleisch in seiner Macht, sondern das Lamm in seiner Liebe herrschen.*

Möchte der Morgenglanz seiner Herrschaft bald erscheinen! Gegenwärtig herrscht noch das Fleisch in seiner Macht auf allen Gebieten, sowohl auf politischem als auf geistlichem Gebiet. Zunächst regiert noch die Gewalt, die eiserne Faust, die Keule Kains. Und es fließen ungezählte Tränen, es bluten tausend Wunden, es herrschen Schande und Laster, es mehren sich die menschlichen Ruinen. Und das Blut der Erschlagenen, die Not der Armen, die Ketten der Gefangenen, die Seufzer der Unterdrückten schreien zu Gott wie das Blut Abels. Wird bald die Morgenröte der Gerechtigkeit und des Friedens anbrechen? Wird bald der kommen, *der auch in der Krone priesterlich dienen wird?* Der Geist und die Braut sprechen: Komm! Und viele, die es hören, sprechen: Komm! Und er kommt und — vielleicht bald!

Denn große Dinge sind bereits geschehen, und größere bereiten sich in aller Stille vor. Selbst Throne und Gewalten sind unter der Wucht der Ereignisse der letzten Jahrzehnte zusammengebrochen. Man hatte ohne Gott gelebt, nun erlebte man Gottes Gerichte. Man hatte mit Sünde und Waffen gespielt, nun erntete man den großgezogenen Fluch der Sünde und der Waffen. Den Frieden dessen, der gekommen ist, Frieden zu bringen, verschmähte man, und nun suchte man vergeblich nach dem Kitt, der die Völker der Erde zu Brüdern einigen sollte.

Allein wer durchs Kreuz gerichtet ist, darf das Gericht des Thrones nicht fürchten. Wer in dem gekreuzigten Lamm seinen Retter gefunden, darf in dem gekrönten Lamm nicht seinen Richter fürchten. Wer vor der Krippe mit Anbetung kniete und unter dem Kreuz sein verlorenes Leben ordnete, wird auch beim Sichtbarwerden der Krone mit Freuden das Haupt erheben, weil die Stunde seiner Erlösung geschlagen hat. Es werden alsdann mit ihm herrschen, die hier mit ihm gelitten haben. Die königlichen Dienste der Auserwählten Gottes in ihrer Vollkraft liegen vornehmlich in den kommenden Zeitaltern. Räumt man ihnen heute gelegentlich auch den weitgehendsten Einfluß im politischen, bürgerlichen und kirchlichen Leben ein, sie bleiben zuletzt doch immer nur die Geduldeten, priesterliche Diener in der Schmach des Kreuzes.

Wenn aber Christus erscheinen wird, dann wird die Gemeinde Gottes mit ihm offenbar werden in Herrlichkeit und ihm auch in seinem königlichen Dienste gleich sein. Haben wir hier mit ihm gelitten, dann werden wir auch mit ihm herrschen, schreibt der Apostel. Alle Leiden dieser Zeit sind nicht wert der Herrlichkeit, die an uns soll geoffenbart werden, wenn Christus als ewiger Priesterkönig in den Wolken des Himmels erscheinen wird.

Was das alles für uns bedeuten wird, welche große, ungeheure Möglichkeiten sich uns dann erschließen, welche Vollmachten und Dienste in unser Leben werden hineingelegt werden, das können wir unmöglich festlegen. Auf Grund der Schrift vermögen der harrende Glaube und die leidende Liebe nur zu ahnen, was es in Wirklichkeit bedeuten wird: Könige und Priester Gottes zu sein auf Erden! Erst mit dem Anbruch des neuen Tages wird man voll und ganz auch das dritte Geheimnis des Königreichs der Himmel verstehen lernen:

Durchs Kreuz zur Krone!

„Sei ohne Furcht, du kleine Herde!"

„Sei ohne Furcht, du kleine Herde! Es hat eurem Vater gefallen, euch das Königreich zu geben."

Luk. 12, 32

Niemand besaß die Zukunft bereits so in der Gegenwart wie Jesus. Auch darin war er mehr als ein Mensch und mehr als ein Prophet. Wir kennen nicht ein einziges Wort aus seinem Munde, das irgendeinen Zweifel an dem Endsieg des Reiches Gottes verriete. Er täuschte sich nicht über die Wirklichkeit hinweg. Seine Seele litt nicht nur unter dem Zerfall seiner Zeit, sondern besonders auch unter dem Unglauben und der Verständnislosigkeit seiner Jünger. Er sah das Leben und das Antlitz der Welt in ihrer Gottesferne, wie es wirklich war.

Aber das Gegenwärtige machte ihn nicht irre an dem Kommenden und Zukünftigen. *Das Reich des Vaters und dessen Zukunft war ihm gewisser als das Reich des Menschen und dessen Gerichte.* Nicht der Mensch und die zersetzende Herrschaft der Sünde, sondern Gott und die neu schaffende Herrschaft der Gnade werden das letzte Wort behalten. Von Gott aus überwand er daher innerlich alle Hemmungen und Unterbrechungen im Kommen des Himmelreichs, wie auch er sie sah und erlebte, und wartete mit den Propheten auf die einstige endgültige Herrschaft seines Vaters. In der Einheit mit seinem Vater lag seine Zukunft und Ewigkeit, und diese beherrschten bereits seine Gegenwart.

Allein von diesem Standpunkt aus kann man so manche Aussprüche Jesu verstehen. Sie atmen eine gegenwart- und weltüberwindende Glaubenszuversicht. Jesus steht innerlich auf jenem Felsen, der auch in den jeweiligen Brandungen der Zeit nicht wankt. Und durch sein Wort sucht er die Jünger auf denselben Boden zu stellen. Das geschieht auch, wenn er seiner kleinen Jüngerschar zuruft: „Sei ohne Furcht, du kleine Herde!" Und dieses wunderbare Jesuswort sagt auch uns so unendlich viel, wenn wir aus ihm jene Botschaft vom Vater zu hören verstehen: „Sei ohne Furcht, du kleine Herde!"

Dein Gott ist ein Gott großer Dinge

Was den Jüngern vom Vater gegeben werden soll, das ist „das Königreich der Himmel". In diesen Universalbegriff faßte Jesus das ganze Heil mit der ganzen Fülle der Erlösung zusammen, die den Jüngern werden sollte. Wonach Propheten viele Jahrhunderte ausgeschaut, was ihr Mund als Offenbarung Gottes gekündet, ihr Griffel auf Pergament zum Troste kommender Geschlechter verewigt hatte, das sollten sie in ihrem Leben in Erfüllung gehen sehen. Es lag daher in diesem Jesuswort etwas so Überraschendes für die Jünger, ja es war eine der grandiosesten Paradoxien der Geschichte. Ihnen, den Fischern vom See Genezareth, sollte werden, um was letzthin Könige und Cäsaren mit ihren Völkern jahrtausendelang schon gekämpft hatten: das Königreich. Was andern durch Politik und Macht, durch Religion und Kultus nicht geworden war, sollten sie in der schlichten, einfachen Nachfolge Jesu finden: *eine Welt der sozialen Gerechtigkeit, der göttlichen Vollmachten, des ewigen Friedens, der gegenwärtigen Gottesherrschaft.*

Nach menschlichen Maßstäben gemessen, war solch eine Sprache völlig unverständlich. *Aber Jesus sah bereits in den kleinsten Anfängen einer in der Seele seiner Jünger beginnenden Gottesherrschaft die Herrlichkeit eines kommenden, vollendeten Gottesreiches.* In dieser Freude konnte er bei einer anderen Gelegenheit in seliger Anbetung sprechen: „Ich preise dich, o Vater, Herr des Himmels und der Erde, daß du dies den Weisen und Klugen verborgen und es den Einfältigen geoffenbart hast. Ja, Vater, so hat es dir gefallen!"

Dieser Ausbruch der innerlichen Freude geschah nicht etwa auf Grund überraschender Erfolge, die er in der letzten Zeit durch sein Wirken erzielt hatte. Im Gegenteil, selbst der große Prophet vom Jordan, Johannes der Täufer, der jetzt in der Feste Machärus um der Wahrheit willen durch Herodes gefangengehalten wurde, war irre geworden. Er hatte seine Jünger mit der Frage zum Herrn gesandt: „Bist du der Kommende, oder sollen wir noch auf einen andern warten?" Johannes konnte nicht verstehen, daß Jesus in seinem messianischen Wirken so bei Einzelheiten stehenblieb. War er doch als der verheißene und erwartete Messiaskönig berufen, mit seiner Erlösung das Ganze zu erfassen und zu einem Gottesreich umzugestalten. Wartete doch auf allen Gebieten menschlichen Lebens die Not auf den Retter, die Versklavung auf den Erlöser, die Ungerechtigkeit auf die Gerechtigkeit, die Finsternis auf das Licht. *Es gab in jenen Tagen kein Gebiet in der sozialen, politischen und auch religiösen Welt des Menschen, das nicht nach Erlösung rief.* Durch alles Bestehende sah der Mensch sich dauernd geknechtet, durch alles Erstrebte aufs neue enttäuscht, durch alles Vergangene ewig verklagt. „Wir dachten, er würde Israel erlösen" — in diesem Wort der Emmausjünger drückte sich das unendliche Sehnen und Warten jener seelisch so zerrissenen Zeit aus.

Jesus läßt seinem alten Freund und Wegbereiter sagen: „Blinde werden sehend, Lahme gehen, Aussätzige werden rein, Taube hören, ja Tote werden auferweckt, und Armen wird die Botschaft vom Heil verkündigt, und selig ist, wer nicht an mir irre wird." *Jesus ließ sich nicht entmutigen und seine reine Freude nicht trüben, daß die verheißene Gottesherrschaft auf Erden zunächst in Einzelerscheinungen zum Durchbruch kam.* Geschehenes war ihm Garantie für das noch zu Geschehende. Er sah, wie sein ganzes Werk zwar so viele Entbehrungen und Leiden auferlegte, so manchen Widerspruch und manche Feindschaft weckte, so wenig Erfolge im Blick auf das Ganze zeitigte und nur von Einzelerscheinungen der messianischen Heilszeit begleitet war. Aber das, was da war, was gewirkt werden konnte, was einzelne zu ihrem Heil erlebten, was Müde an Evangelium hörten, war so gewaltig und wertvoll, so Gottes- und nicht Menschenwerk, daß er Johannes auffordern läßt, sich in ungebrochener Zuversicht zu freuen über diese Einzelerscheinungen und nicht irre zu werden, wenn er das Reich Gottes sich zunächst noch nicht in seinem Endtriumph vollenden sieht.

In diesem Geist und in dieser Freude hat Jesus eigentlich überhaupt zu seinen Jüngern von dem geredet, was sie vom angebrochenen Reiche Gottes empfangen und was sie ihm werden sollten. Er wußte: *mein Vater ist der Gott der großen Dinge.* Sein Wirken endet immer mit der Vollendung des Ganzen, mit einem Sabbat ohne Abend, mit dem Psalm seiner Schöpferseele: „Und siehe, es war sehr gut!"

Daher sah Jesus bereits in den kleinsten Anfängen die kommenden Auswirkungen, in den schwankenden Fischern die werdenden Apostel, in den einzelnen Segnungen den Endtriumph der angebrochenen Gottesherrschaft. Jeder Mißerfolg erschloß ihm „das Ungeheure" der Sache seines Vaters, *ließ ihn hinter den Leiden die Auferstehung, hinter der Verwerfung die Erhöhung, hinter dem Tode das Leben sehen.* Die Katastrophen der Geschichte erschütterten ihn nicht, die Feindschaft der Frommen machte ihn nicht irre, das Versagen seiner Jünger ließ ihn nicht mutlos werden. Für ihn waren nicht die Geschichte mit ihrer immanenten Gesetzlichkeit, nicht die Frommen mit ihrem fanatischen Eifer, nicht die Jünger mit ihrer begeisterten Nachfolge die schöpferische Kraft im angebrochenen Reich der Himmel, sondern der Vater in der schöpferischen Aktivität seines Geistes.

Ihn sah er wirken, und in seinem Licht wirkte auch er. Mochten auch soundso viele aus dem Reiche Gottes herausfallen und nicht mehr mit ihm wandeln, weil ihnen seine Rede zu hart war, mochte auch Petrus ihn verleugnen und Judas ihn verraten, mochte auch die Kirche ihn verklagen und der Staat ihn kreuzigen — alles konnte das Wirken seines Vaters nicht aufhalten, das sichere Kommen der Gottesherrschaft nicht verhindern.

Die einzelnen und vielen mögen daher im Laufe der Geschichte fallen, das Königreich der Himmel fällt nicht. Es wird nicht getragen vom Arm des Fleisches, nicht inspiriert vom Geist der Zeit, nicht gebaut durch den Eifer der Jünger, nicht vollendet durch Machtmittel der Vergänglichkeit. Eures „Vaters" Wohlgefallen ist es, euch das „Königreich" zu geben. *Gottes Walten trug noch immer in sich die Garantie des Vollbringens, Gottes Wort war immer auch schöpferische Tat.*

Hätte Jesus nicht in diesem Geiste gewirkt, nicht in diesem Lichte gesprochen, auch seine Messiasseele wäre unter dem Druck des Bestehenden zusammengebrochen. Aber so sah er den Vater in dessen Wirken, daher wirkte auch er so. Welch ein Jesusbild würde vor unsere Seele treten, wenn wir in dieser Beleuchtung uns vergegenwärtigen würden, was Jesus nach den Evangelien tat und sprach! Unbeirrt von der augenblicklichen Seelenverfassung seiner Jünger sprach er zu ihnen: „Ihr seid das Salz der Erde!" Die Welt vergeht in ihrer Fäulnis ohne euch. „Ihr seid das Licht der Welt!" Sie kommt nicht heraus aus ihrer Not und ihrem Irren, aber ihr werdet ihr leuchten, daß sie als die Verlorene den Weg zurück zum Vaterhause findet. „Ihr seid die Reben", an mir, dem Weinstock, und werdet Jünger werden, die ohne mich nichts tun können. „Ich sende euch wie Schafe mitten unter die Wölfe", aber seid ohne Furcht: euer Kommen und Dienen wird aus Wölfen Lämmer, aus einem Saulus einen Paulus werden lassen.

Euer „Vater" gibt euch das Königreich mit seinem Triumph über das Satanische, mit seiner Vollmacht über das Fleisch, mit seiner Botschaft für Mühselige und Beladene. Und verfolgt man euch, weil eure Gerechtigkeit eine weit höhere ist als die der Schriftgelehrten und Pharisäer; weil ihr arm seid im Geist, während die Welt so satt ist in ihrer Geistreichigkeit und genug hat an ihrem Besitz; weil ihr Frieden stiftet, während Völker und Staaten Zwietracht säen und Feindschaft züchten — „selig seid ihr; denn das Königreich der Himmel ist euer Teil!"

So überwand Jesus im Geiste seines Vaters Vergänglichkeit, Raum und Zeit und sprach vom Standpunkt der schöpferischen Gottestat und des triumphierenden Werdens aus. Er wußte, daß alles Wirken seines Vaters auf Vollendung angelegt ist, daß alles Schaffen Gottes der

Art seines göttlichen Wesens entspricht. Da Gott aus seiner Ruhe heraus wirkt, muß alles im Sabbat der Vollendung enden. Da Gott Erlösung ist, muß alles Wirken Erlösung in sich tragen. Da Gottes Licht alles zu neuem Leben weckt, müssen Tod und Hölle vor ihm kapitulieren. *Wer wie Jesus den Vater sieht, muß auch wie Jesus das Königreich der Himmel sehen, und zwar wie es vom Vater „den Waisen und Unmündigen" gegeben wird.*

Dein Gott ist ein Gott kleiner Anfänge

Sei daher ohne Furcht, du kleine Herde! Das Königreich der Himmel soll „euch" werden. In diesem persönlichen Fürwort ist die ganze Unscheinbarkeit der kleinen Jüngerschar ausgedrückt, von der Jesus sich auf Grund seines Wirkens umgeben sah. *Wird nicht die Größe des Inhalts das so menschliche, ja allzu menschliche Gefäß sprengen?* Wird nicht der Most des neuen Lebens durch diese vergänglichen Schläuche verschüttet werden? Werden nicht die „Kleingläubigen" und „Unverständigen" das Evangelium des Sohnes völlig mißverstehen? Werden sie nicht der zerrissenen und wartenden Menschheit anstatt des Königreichs der Himmel einen messianischen Weltstaat, anstatt des von Gott inspirierten neuen Lebens eine durch dogmatische Formeln festgelegte Kirche geben?

Werden nicht gerade sie, denen „die Geheimnisse des Himmelreichs" anvertraut wurden, und „die den Schlüssel des Himmelreichs" empfangen haben, das Königreich Gottes aufs neue den Armen im Geist, den Mühseligen und Beladenen, den Hungernden und Dürstenden, den Zöllnern und Sündern verschließen? *Wird nicht Gottes verborgenes Wirken in der Mission der Jünger zur fanatischen Propaganda, das fleischgewordene Wort zum heiligen Buchstaben, die durch Erleuchtung des Geistes gewirkte Erkenntnis nur zu einem pflichtgemäßen Dogma und Bekenntnis werden?*

Gewiß, das alles — und unendlich mehr — drohte dem angebrochenen Gottesreich. Dem allen ist es im Lauf der christlichen Zeitrechnung unzählige Male verfallen. Aber es ist nicht untergegangen. *Es fiel nicht mit dem Jünger.* Es wurde nicht Staat mit dem christlichen Weltstaat. Es wurde nicht Buchstabe mit dem dogmatischen Bekenntnis. Zwang der Mensch das Reich Gottes erst in die Formen und in die Art seines eigenen Wesens, *baute erst die Kirche das Reich Gottes, anstatt daß sie sich vom Reiche Gottes bauen ließ,* dann überließ das Königreich der Himmel dem Menschen den Schein des Himmelreichs. Jedoch seine Kraft stand daneben, trat in neuen Jüngern auf. Zwar waren auch diese zunächst nur eine „Lächerlichkeit" im Urteil der Zeit. Aber Jesus sprach wieder zu ihnen: „Es hat eurem Vater gefallen, euch das Königreich zu geben." *Wäre das Königreich der Himmel die Schöpfung der Kirche, und nicht die Kirche die Schöpfung des Himmelreichs, gewiß, dann wäre das Reich Gottes auf Erden längst untergegangen.*

Gott fürchtete sich jedoch im Verlauf der Geschichte nie, mit seiner Wahrheit und Offenbarung in die kleinen und unscheinbaren Dinge hinabzusteigen. Er begann seine Gottesschöpfung innerhalb der Menschheit niemals mit Macht und Glanz, sondern hüllte sie in die kleinsten, unscheinbarsten Anfänge. So knüpfte Gott einst in den Tagen Noahs die ganze Zukunft der Menschheit an die

Rettung einer einzigen Familie. Um sich für die Völkerwelt einen Träger und Dolmetscher seiner göttlichen Offenbarung zu erziehen, band Gott das Werden Israels zunächst an das Vertrauen und den Gehorsam eines Abraham, eines Isaak und Jakob.

In der späteren Geschichte von Israel-Juda war es je und je nur ein heiliger Überrest, der nicht vor dem Baal der Zeit kniete, sondern im prophetischen Geiste Gott diente und auf Gott wartete. In Jesus — der Gottesoffenbarung schlechthin — stieg das Königreich der Himmel als Gottesschöpfung zunächst hinab in eine Krippe. Später ließ es sich aufnehmen von den einfachen Fischern am See Genezareth. Es wurde am Tage der Pfingsten zu einer Gemeinde in einer Anzahl Wartender zu Jerusalem. Es ließ sich in die alte Welt tragen durch die Botschaft der Apostel und durch das Zeugnis und das Leben der schlichten Christusjünger der werdenden kleinasiatischen Gemeinden.

Innerlich überwältigt von dieser Erscheinung, konnte Paulus mithin seinen Brüdern in Korinth schreiben: „Seht doch einmal: wer ist bei euch zum Heil berufen, Brüder? Da finden sich nicht viel Weise nach menschlichem Urteil, nicht viel Einflußreiche, nicht viel Edelgeborene. Vielmehr, was der Welt als töricht gilt, das hat sich Gott erwählt, damit er die Weisen beschäme. Und was der Welt als schwach gilt, das hat sich Gott erwählt, damit er das Starke beschäme. Und was der Welt als unedel gilt, und was sie verachtet, ja, was nichts für sie ist, das hat sich Gott erwählt, damit er vernichte, was etwas gilt."

Wer konnte in der damaligen alten Welt ahnen, daß

diese kleinen Anfänge, den Juden ein Ärgernis und den Griechen eine Torheit, solch eine verborgene Gottesmacht in sich trugen, die zu einer Stunde alles Bestehende erschüttern und der Welt eine neue Zukunft geben würden? Es dauerte nur wenige Jahrhunderte, und die alte heidnische Welt brach sterbend zusammen, und Rom und Byzanz, die abend= und die morgenländische Kirche, traten deren Erbe an.

Aber anstatt sich weiter vom Reiche Gottes bauen zu lassen, baute hinfort die Kirche das Reich Gottes. Sie gab dem sterbenden heidnischen Weltstaat den heiligen Namen des Gottesreiches. Sie schuf in ihrem Schoße dem Wesen der weltlichen Verfassung und Kultur, dem Wesen der heidnischen Mystik und ihrem Kultus eine christliche Herberge. Der Weltstaat wurde Reich Gottes, dessen Verfassung die Organisation der Kirche, dessen Kultus die Form der Gottesverehrung, dessen Priesterordnung der äußere Pomp für Christi Stellvertreter und Gottes Reichsverweser auf Erden.

Hinfort war die Kirche nicht mehr Zeugin vom Heil, sondern Verwalterin des Heils; nicht mehr Prophetin der Offenbarung, sondern Hüterin der Offenbarung; nicht mehr Gottesschöpfung, sondern Weltorganisation. Damit wurde sie jene große welthistorische Täuschung, die anderthalb Jahrtausende die Welt in ihrem Bann hielt. Sie besaß äußerlich die Welt, hatte aber innerlich das Reich Gottes verloren. Sie saß auf dem Thron, aber ohne den Heiland der Völker. Sie verfügte über die Macht, war aber arm geworden an Vollmachten des Geistes. Sie war reich an irdischen Mitteln und weltlichem Glanz, aber häßlich in ihrem inneren Leben und in ihrem priesterlichen Dienst.

Und doch war in ihr nicht alles Täuschung. Sie hatte Glieder, die nicht das Reich Gottes trugen, sondern vom Reiche Gottes getragen wurden. Sie litten, sie waren einsam, sie wurden Asketen und Einsiedler, Geächtete und Märtyrer, *um sich in der Kirche vor der Welt zu retten und im Reiche Gottes zu bleiben.* Eine kleine Herde! Im Protestantismus mit seinen drei gewaltigen Geistesströmungen: dem Luthertum, der Täuferbewegung und dem Calvinismus wurde Christus wieder sichtbar als Heiland der Seele, als Haupt der Gemeinde, als Inhalt des Gottesreiches. Die Menschen fingen wieder an, durch Christus selig zu werden und nicht durch die Kirche. Sie sahen sich wieder vom Geiste Gottes geleitet und nicht vom Gehorsam gegen heilige Verordnungen. Sie schöpften wieder Trost und Stärkung aus dem lebendigen Worte Gottes und nicht aus Tradition und Priesterwort. Sie beteten wieder Gott an im Geist und in der Wahrheit, ohne in ihrem Umgang mit Gott an Heiligtum und Kultus gebunden zu sein.

Gewiß war in all den drei Geistesströmungen ebenfalls wieder ungemein *viel Unkraut unter dem Weizen, viel Menschentat statt Gottestat, viel Weltreich statt Himmelreich.* Aber gleich den Jüngern wurden sie vom Reiche nicht verworfen, sondern von ihm gebraucht, soweit sie sich in das Wirken und in den Geist Gottes hineinziehen ließen. Welch eine ungeheure Fülle von Heilserlebnissen ist im Laufe eines halben Jahrtausends innerhalb dieser drei christlichen Gebilde der persönliche Besitz unzähliger einzelner Glieder geworden! Im Pro=

testantismus durfte das einzelne Glied zu seinem Heil wieder mit Gott das erleben, was im Katholizismus die Kirche vorgab, als Organisation nur allein zu besitzen.

Auch diese drei Reformationskirchen sahen sich von Anfang an in ihrem Werden und in ihrer Entwicklung bis in unsere Tage hinein je und je vor die Entscheidung gestellt, *ob sie Gottes Werk bleiben oder selber Werkmeister des Gottesreiches sein wollten.* Um auch in ihnen sich vor der Welt retten zu können und im Reich Gottes zu bleiben, kam es fort und fort zu neuen Separationen und Gemeinschafts- und Vereinsbildungen, die später wiederum befruchtend auch aufs Ganze wirkten. Wie klein begann manches, das sich später als unberechenbarer Segensquell weit über den eigenen Separationskreis erwies!

Sei ohne Furcht, du kleine Herde!

Dein Gott ist ein Gott zielbewußten Wirkens

Er legt in die kleinsten Anfänge den verborgenen Keim für die größten Dinge. *Trägt jede Sünde in sich die verborgene Wurzel zum Antichristen, so liegt in jeder Gottestat im Leben der Glaubenden die Anlage, das Königreich der Himmel zu fassen.* Nicht nur die Kirche als Ganzes, jedes einzelne Glied soll nach dem Evangelium des Paulus durch das Anschauen der Christusherrlichkeit verwandelt werden in dasselbe Bild. Wie wir getragen haben das Bild des ersten Adam und als Glied der Menschheit mit ihm eine organische Einheit bildeten, so sollen wir als Glieder der Neuschöpfung Gottes auch tragen das Bild des himmlischen.

Eurem Vater, sagt Jesus, hat es gefallen, euch das Reich zu geben. Was dieses „Geben", diese Aktivität Gottes alles an Vergebung und Erleuchtung, Heiligung und Erlösung in sich trägt, das kündet uns das Christusevangelium des Paulus. Alles ist Gottes Kraft und nicht als von uns, Gottesschöpfung und nicht menschliche Religionsbildung. Daher kennt auch die Vollendung, wie sie in der Offenbarung sichtbar wird, nur eine Anbetung Gottes und des Lammes. In ihr schweigt der Ruhm alles Fleisches. Dort singt man nur jene neuen Psalmen, die alle eingestellt sind auf den Schlußakkord: „Dem, der auf dem Throne sitzt, und dem Lamm gebühren Lob und Ehre, Herrlichkeit und Kraft in alle Ewigkeit."

Jedoch wozu all diese Erwägungen am Schluß solch eines kleinen Buches? Nun, *Gottes Handeln in der Geschichte der großen Vergangenheit soll unser Vertrauen wecken zum Handeln Gottes auch in unserer kleinen Gegenwart.* „Sei ohne Furcht, du kleine Herde; es hat eurem Vater gefallen, euch das Königreich zu geben!" Wie klein erscheint uns das Gotteswerk in unserem eigenen Leben! Wie quält uns die Frage, ob Gott mit solch einem Gemächte, wie wir es sind, auch zum Ziele kommen wird! Wie unendlich viele Enttäuschungen hat man im Blick auf sich selbst erlebt! Und doch: Fürchte dich nicht, du kleine Herde!

Ja, wäre das Königreich der Himmel *dein* Werk, dann könntest du verzweifeln. Aber es ist Gottes Schöpfung und Gottes Gabe. *Wirke du es nicht, sondern laß es in dir wirken!* Es ist stark genug, dich in seinen Reichtum und in seine Lebensfülle hineinzuziehen. Welch ein Friede würde doch in unser Leben kommen, wenn wir auch im Blick auf das Werden der Gottesschöpfung in uns ruhen lernen möchten in der Aktivität Gottes, im Wirken seines Heiligen Geistes!

„Sei ohne Furcht, du kleine Herde!" Du hast zwar nur eine kleine Kraft. Vor dir ist jedoch gegeben eine große offene Tür. Vor deinem Blick liegt ein Erntefeld, das auf allen Gebieten reif zur Ernte ist und auf Schnitterhände wartet. Es gibt wohl wenige Missionsgesellschaften — um nur einmal von uns in Deutschland zu sprechen —, die nicht vor offenen Türen ständen. Aber je größer das Arbeitsfeld, desto kleiner wird die eigene Kraft, desto unzureichender scheinen die Mittel, desto bewußter erkennt man den Mangel an Arbeitern, die Gott mit Vollmacht hat ausrüsten können für heilige Dienste.

Auch die unübersehbaren Arbeitsmöglichkeiten im Osten, in der Nähe und in der Ferne, könnten uns im Gefühl der kleinen Kraft innerlich zusammenbrechen lassen. Eine kleine Kraft vor einer offenen Tür, unscheinbare Anfänge für einen kaum faßbaren Dienst! Aber „sei ohne Furcht, du kleine Herde; es hat eurem Vater gefallen, euch das Reich zu geben!"

Das ist entweder eine phantastische Illusion oder eine Zuversicht des Glaubens, wie sie durch Offenbarung, d. h. durch ein lebendiges Wort Gottes — wie das obige — in unserer Seele geweckt werden kann. Möchte der Herr selbst so mit uns reden können, daß man es unserm Vertrauen und unserm Dienste anmerkt, er hat auch zu uns gesprochen: *„Fürchte dich nicht, du kleine Herde; es hat eurem Vater gefallen, euch das Königreich zu geben!"*

So liegen auch für die Gesamtgemeinde Jesu die größten Segnungen da, wo man sie am wenigsten erwartet:

auf dem Zug durch Wüste und Weglosigkeit, in Verachtung, Niedrigkeit und Bedrängnis. Mag es der Gemeinde, die zwischen den Zeiten auf den wiederkommenden Herrn wartet, immer mehr geschenkt werden, die verhüllten Segenswege des Glaubens zu erkennen und darin in der Aktivität des lebendigen und erhöhten Herrn zu ruhen und zu warten, bis sie ihn sieht!

Reihe «Gestern gesagt – heute gefragt»:

Ernst Modersohn

Der Prophet Elia / Band 1

168 Seiten, Paperback Nr. 1

Es sah böse aus in Israel: König Ahab und die heidnische Isebel hatten den Baalskult zur offiziellen Staatsreligion erhoben. Die Verehrung Jahwes war bei Todesstrafe verboten. Und das Volk ließ sich einschüchtern. Doch da tritt ein Mann auf, der dem Lauf der Dinge eine entscheidende Wende gibt: Der Prophet Elia. Glaubensmutig verkündigt er das nahende Gericht Gottes. Wer war dieser Mann? Woher hatte er diese Vollmacht? Ernst Modersohn versteht es, den knappen biblischen Bericht vor uns lebendig werden zu lassen.

Ernst Modersohn

Der Prophet Elia / Band 2

176 Seiten, Paperback Nr. 2

Göttliches Feuer war vom Himmel gefallen, die Baalspriester waren entlarvt und getötet. Doch seltsam, ausgerechnet nach dem größten Sieg seines Lebens läßt sich Elia durch eine lächerliche Drohung in die Flucht schlagen. Und ausgerechnet diese Niederlage nimmt Gott zum Anlaß, um sich ihm in einzigartiger Weise zu offenbaren ... Gott kommt mit Elia zum Ziel: Ohne Tod entrückt er ihn schließlich in die Ewigkeit!

Brunnen-Verlag · Basel und Gießen

Brunnen-Briefe

- greifen aktuelle Themen auf
- weisen hin auf Jesus Christus
- geben Glaubens- und Lebenshilfen

A. B. Simpson	Jesus selbst	Nr. 1
Georg Müller	Die vier wichtigsten Fragen	Nr. 2
J. Hudson Taylor	Das verwandelte Leben	Nr. 3
Otto Stockmayer	Das Gebetsleben der Kinder Gottes	Nr. 4
Isobel Kuhn	Ja zu Gottes Weg	Nr. 5
Willi Wunderli	Kleine Seelsorgehilfe	Nr. 6
Fritz Binde	Vom Anarchisten zum Christen	Nr. 7
Stephen Menzies	Der größte Narr	Nr. 8
C. S. Lewis	Wenn nur «X» sich ändern würde!	Nr. 9
J. Hudson Taylor	Bleibe in Jesus!	Nr. 10
Otto Stockmayer	Der Blick auf Jesus	Nr. 11
Stephen Menzies	Die Geschichte eines Gemäldes	Nr. 12
Heinrich Spörri	Muß Krankheit sein?	Nr. 13
C. S. Lewis	Mensch oder Kaninchen?	Nr. 14
C. S. Lewis	Ein Wort zu Thema Nr. 1	Nr. 15
Jay Adams	Auch deine Probleme lassen sich lösen!	Nr. 16
C. S. Lewis	Das Gewicht der Herrlichkeit	Nr. 17
Johannes Schneider	Was ist Heiligung?	Nr. 18
Heinrich Spörri	Die Versiegelung mit dem Heiligen Geist	Nr. 19
Jakob Vetter	Christliche Vollkommenheit	Nr. 20
C. S. Lewis	Was sollen wir mit Jesus Christus anfangen?	Nr. 21
Erwin Lutzer	Da platzt mir doch der Kragen!	Nr. 22
Reinhard Frische	Christus befreit zum Dienst	Nr. 23

Brunnen-Verlag · Basel und Gießen